20.-

Uli Franz
Gebrauchsanweisung für Tibet

Uli Franz

Gebrauchsanweisung für
Tibet

Piper
München Zürich

Außerdem liegen vor:

Gebrauchsanweisung für Amerika von Paul Watzlawick
Gebrauchsanweisung für China von Uli Franz
Gebrauchsanweisung für Deutschland von Maxim Gorski
Gebrauchsanweisung für England von Heinz Ohff
Gebrauchsanweisung für Griechenland von Martin Pristl
Gebrauchsanweisung für Irland von Ralf Sotscheck
Gebrauchsanweisung für Israel von Martin Wagner
Gebrauchsanweisung für Japan von Gerhard Dambmann
Gebrauchsanweisung für Mexiko von Susanna Schwager
und Michael Hegglin
Gebrauchsanweisung für New York von Natalie John
Gebrauchsanweisung für Schottland von Heinz Ohff
Gebrauchsanweisung für die Schweiz von Thomas Küng
Gebrauchsanweisung füt Tschechien von Jiří Gruša
Gebrauchsanweisung für die Türkei von Barbara Yurtdaş

ISBN 3-492-04134-5
© Piper Verlag GmbH, München 2000
Gesetzt aus der Bembo-Antiqua
Gesamtherstellung Clausen & Bosse, Leck
Printed in Germany

Inhaltsverzeichnis

Der Erde entrückt, den Tränen nahe 7

Sonne, Wind und Staub 18

Das Permit 27

Unterwegs 37

Allmächtiger weiter Ozean 50

Drache und Schneelöwe 65

Suzerän oder souverän? 93

In der Milchebene 106

Juwel der Schneeberge 124

Schwein, Schlange, Hahn 131

Innerlich hören, ohne zu wissen 145

Wilde große Kinder 156

Jede Menge Zöpfchen 174

Magenbitter 181

Tönende Kehlen und kopflose Schrift 187

Buttertee und Gerstenbrei 195

Grün von zuviel Nesselsuppe 202

Glossar 205

Der Erde entrückt, den Tränen nahe

Zwischen zwei Welten liegt Tibet. Zwischen dem kleinen Nepal im Süden, wo die Bougainvillea violett blüht und tibetische Lamas täglich ihre Andacht zelebrieren. Zwischen ihrem Exil und dem gigantischen China im Norden, wo die Menschenfülle lärmend wächst und die Modernität aus allen Fenstern schaut, liegt Tibet. Eingezwängt zu sagen wäre falsch, denn Tibet ist ein unendlich weiter Raum, das Dach dieser beiden Welten.

Nepal ist in vielem sanfter noch als Indien. Kathmandu, die Stadt, die im Mief der Zweitakter erstickt, hat trotz allem – trotz Müll, Fäkaliendünsten und Essensgerüchen – etwas Heimeliges. Auch die schmutzstarrenden Straßenkids und die heiligen Kühe, die es sich auf dem warmen Asphalt bequem gemacht haben, wirken gemütlich. Die sanften Menschen an den Südhängen des Himalaja unterscheiden sich erheblich von dem Menschenschlag jenseits der Berge. Die Nepali haben viel weichere Gesichter als die Tibeter, und sie sind zierlicher gebaut. Zwischen ihnen und ihren Nachbarn gibt es keine überbordende Freundschaft. Wer in Kathmandu landet, bringt noch die Romantisierung Tibets mit und findet sie bestätigt, wenn er die Mantra-Gesänge der Lamas hört und die gläubigen Tibeter mit ihren Gebetsmühlen sieht. Immerhin leben 50 000 Tibeter in Kathmandu, dem südlichen Tor zu Tibet.

Noch bevor Tibet im Westen mit Namen bekannt war, kursierten Gerüchte über sagenhafte Riesenameisen und furchterregende Wesen im Himalaja. Diese mythischen Geschichten verdankte das Altertum dem griechischen Geschichtsschreiber Herodot und Claudius Ptolemäus, dem alexandrinischen Astronomen und Mathematiker. In der Neuzeit wird Tibet kaum weniger romantisiert, denn das Schneeland ist – mit oder ohne Yeti – von einem Mythos umwoben. Im hohen Tibet gibt es noch einen Horizont, eine Orientierungslinie, die dem Menschen des 21. Jahrhunderts verlorenzugehen droht. Auch die chinesische Besetzung hat die Welt nicht ernüchtert, sondern den Tibet-Mythos weiter geschürt; Tibet ist heute nicht nur ein geheimnisvolles, sondern auch ein geschundenes Land. Die Tibetverklärung fand im Jahr 1933 neue Nahrung, als James Hilton in seinem Buch *Lost Horizon* Tibet einen sagenhaften Namen gab: Shangri-La. Der Brite schwärmte in einem fort, weil er von jenem Land tausendmal gehört, es aber nie gesehen hatte. Wie ist nun Tibet?

Tibet ist schweigsam, ohne Menschengeschrei, ohne Geplapper, ohne den Lärm der Städte. Wenn es in Lhasa laut zugeht, dann ist es der Lärm der Chinesen. Tibets Kälte ist eine klare Kälte, eine der Höhe und des Schnees. Tibets Wärme ist eine innere Wärme, die der körperlich Strapazierte als ein tiefes seelisches Glücksgefühl empfindet. Tibet scheint nackt, eine Welt ohne Wiesen, ohne Bäume zu sein. Aber tatsächlich trägt Tibet ein Schmuckkleid aus Stein einer ewigen Zeit.

Wer Tibet bereist hat, der definiert sich neu, der rückt

sein Denken und Fühlen neu zurecht. So kann er nach seiner Rückkehr den Bauch besser vom Kopf trennen, das heißt, er kann beides wieder besser zusammenbringen. Ein Tibetreisender fühlt sich wie ein Astronaut, der sich anschickt, einen unwirtlichen Planeten zu betreten. Der Blick aus dem Bullauge eines Jets hoch über den Wüsten Pakistans erinnert an das Durchqueren der tibetischen Weiten. Im Flug zerteilt der Jet das Himmelsblau und läßt Wolkenflöckchen unter sich. Im Flug ist die Erdkrümmung deutlich wahrzunehmen. Wer das weite tibetische Hochland durchquert, dem scheint es, als durchpflüge er Himmelsblau und dahinziehende Wolken. Und nach stundenlanger Fahrt über Schotterpisten erliegt der Reisende der Illusion, am Ende des leeren, weiten Raumes gar die Erdkrümmung zu erblicken. Die Kargheit sorgt dafür, daß sich Wahrnehmung und Imagination vermischen. Das Durchqueren dieser Naturkulisse prägt nachhaltiger als jede menschliche Begegnung.

Tibet ist kein fashionables Reiseland. Dorthin zieht es einen, wenn man reif dafür ist. Dann aber gerät die Reise zur Prüfung. Nach jeder großen Reise sieht man die Welt mit anderen Augen, nach einer Tibetreise sieht man sie radikaler. Tibet wird schwerlich Zustände erleben, wie Heinrich Heine sie einst in Italien beklagte: Man könne »sich keinen italienischen Zitronenbaum mehr denken ohne eine Engländerin, die daran riecht«.

An einem wird auch in Zukunft nicht zu rütteln sein: Tibet wird zum Fiasko für jeden, der sich nicht körperlich und mental genügend vorbereitet. Die Höhe, die Einöde, der Wind, der Staub, die nächtliche Kälte und die Hitze des Tages nagen an der Gesundheit und erfordern beachtliche geistige Stabilität. Eingespannt in den Berufsalltag, sind wir verführt, uns auf die gut ausgerüstete Reiseapotheke zu verlassen. Schulmedizinisches wie Aspirin, Paracetamol, Imodium und Breitband-Antibiotika fehlen genausowenig wie Diamox, ein populäres Medikament gegen Höhenkrankheit, das allerdings im Himalaja-Gebirge nicht mehr wirkt, denn das Acetazolamid wird in großen Höhen von den roten Blutkörperchen schneller gebunden und wieder ausgeschieden. Tabletten, vor allem starke Tabletten wie Diamox, blockieren die Kommunikation, die Begegnung zwischen Natur und Ego. Wer auf über 5000 Meter Höhe dauernd Tabletten einwirft, der spürt seinen Atem, Herzschlag und Puls nicht mehr unverfälscht. Er vernebelt sich die Sinne und handelt wie ein Verletzter, der eine eiternde Wunde mit einem Heftpflaster versiegelt. Ja, er putscht sich auf und riskiert nach dem Sieg über die »Höhe« eine viel tiefere Erschöpfung als ohne Chemie. Im schlimmsten Fall kann es zu Durchfall, Erbrechen, Schlaflosigkeit, Frieren und Sodbrennen kommen. Wer all dies für Übertreibung hält, der möge sich in großer Höhe nur mal einen Tag lang mit zwei, drei Müsliriegeln verpflegen. Schon bei solch einem harmlosen Nahrungsexperiment stellt sich sehr leicht eine Magenübersäuerung ein. Eine Reiseapotheke ist allemal vonnöten, doch dem sportlich Trainierten reicht auch Alternatives wie Spirulina, Tigerbalsam, Baldrian und Aktivkohle.

Auf der Höhe muß das Herz so pumpen, daß es durchaus schmerzen kann. Offenbart der Schmerz nun schon den Höhenrausch? Schwer zu sagen! Beim Höhenrausch ist es wie beim Rausch auf niedriger Meereshöhe – der eine verträgt mehr als der andere. Genaugenommen ist ein Höhenrausch ziemlich vertrackt, denn ab

2800 Höhenmeter kann es auch den Trainierten treffen. Junge Gipfelstürmer sind sogar anfälliger als alte Hasen, weil sie ihr Ziel ungestümer angehen. Gegen den Höhenkoller gibt es weder Prophylaxe noch vorbeugende Untersuchungen, weil er gar keine richtige Krankheit ist. Zum Glück wissen wir heute, was in der Höhe im Körper passiert, und sind nicht mehr so ahnungslos wie Johannes Grueber, der Linzer Jesuit, der im Jahre 1660 Tibet durchquerte und die Höhenkrankheit noch auf die »kräftigen Ausdünstungen mancher Kräuter« zurückführte, die in der dünnen Luft lebensgefährlich seien.

In großer Höhe reagiert der menschliche Körper wie ein Ottomotor, der den falschen Sprit erhält. Seine Leistung fällt ab, er gerät ins Stottern und geht beim Gasgeben und zu langer Fahrt kaputt. Der »falsche Sprit« entspricht einem zu geringen Luftdruck. Beträgt auf Meereshöhe der Luftdruck 1013 Millibar (mbar), so bewegt er sich auf der Höhe von Lhasa, in 3658 Meter, um die 660 Millibar und in Westtibet – rund 5000 Meter – nur noch knapp die Hälfte, nämlich 553 Millibar. Die Formel, die es sich zu merken gilt, lautet: Mit ansteigender Höhe sinkt der Luftdruck. Da sich aber der Luftcocktail nicht ändert, stets sind es 21 Prozent Sauerstoff, erhalten unsere verwöhnten Lungen in der Höhe weniger Sauerstoff. Prompt kommt es in der Brust zu Sensationen, weil der Sauerstoffteil- oder Sauerstoffpartialdruck in der Atemluft abnimmt. Der Flachländer muß mehr und schneller schnaufen. Diese Quälerei nennt der Mediziner Adaption. Viel Schnaufen erhöht bekanntlich den Puls. Der Körper gerät unter Streß, er muß mehr rote Blutkörperchen bilden. Die Veränderung im Blutbild kostet wiederum Energie und macht durstig. Deshalb der dringende Rat: Trinken, trinken Sie, bis die Flüssigkeit Ihnen zu den Ohren rauskommt. Die Trinkkur ist besser als jedes Schmerzmittel, denn sie tilgt nicht nur den Kopfschmerz, sondern verdünnt auch das eingedickte Blut.

Mediziner unterscheiden zwischen der akuten Höhenkrankheit, die ab 2800 Höhenmetern Kopfschmerz, Übelkeit, Schlaf- und Appetitlosigkeit hervorruft, und der schweren Höhenkrankheit, die sich über 5000 Meter mit Erbrechen, Schwindel, Atemnot und Sehstörungen ankündigt. Ihr wahres Gesicht offenbaren beide erst nach einem halben Tag. Wer sich bei der Landung in Lhasa noch pudelwohl fühlt, der sollte wissen, des Pudels Kern zeigt sich erst nachts, wenn der Körper zur Ruhe kommen will. Auf Lhasas Höhe und höher sind vor allem die ersten Nächte schlimm, das Herz rast, die Atmung wird panikartig flach wie unter Wasser. Die Schleimhäute sind geschwollen, die Nase ist verstopft. Die Haut fühlt sich hitzig an, alle Organe arbeiten auf Hochtouren, als hätte man drei Kannen Kaffee injiziert bekommen. Auch der Geist ist überaus gequält. Jeder lebt in seiner Brust und fühlt in sich hinein, ob sein Herz schon flimmert. Die Angst wird verstärkt, da man vom Tibetplateau nicht so einfach »absteigen« kann. Der Rat angelsächsischer Bergsteiger *go high, sleep down* klingt hier wie Hohn. Tagelange Fahrten sind notwendig, und der Flug nach Kathmandu oder Chengdu geht erst wieder in ein paar Tagen.

Doch keine Panik! Die besten Hotels in Lhasa verfügen über ausleihbare Nuckelkissen mit Sauerstoff und versierte Ärzte. Im Volkskrankenhaus haben sie sogar einen Kompressionssack, in dem mit einer Handpumpe von außen der Innendruck auf eine simulierte Höhe von 2000 Meter (795 mbar) eingestellt werden kann.

Um der nächtlichen Folter zu entgehen, flüchte man ins Freie, unter die Sterne. Bei klarem Nachthimmel zeigt sich ein Schauspiel von ungeahnter Schönheit. Das Firmament ist wie mit Diamanten übersät, und die Sternbilder funkeln wie zu Zeiten der Babylonier. Die Schönheit beruhigt den Geist, und das Akklimatisieren beginnt wie von selbst.

Im schlimmsten Fall – um es zu erwähnen – kann sich der akute zu einem schweren Höhenkoller steigern. Die Steigerung erkennt man an einem kurzen, rasselnden Atem selbst im Liegen, an völligem Ausgepumptsein, plötzlichem Fieber (über 39 Grad) und der Unfähigkeit zu gehen. Jetzt besteht akuter Handlungsbedarf! Ein Lungen- oder Hirnödem ist nicht mehr weit. Beim Lungenödem entwickeln sich durch den geringeren Luftdruck Störungen in den Kapillarmembranen zwischen den Blutgefäßen und den Lungenbläschen. Die Membranen können nicht mehr filtrieren, die Lungenbläschen laufen voll Flüssigkeit, und die Sauerstoffaufnahme der Lungenflügel ist blockiert. Zu einem Lungenödem kommt es meist in der ersten oder zweiten Nacht innerhalb von wenigen Stunden. Ein Hirnödem, die schwerste Form der Höhenkrankheit, tritt oberhalb von 5000 Meter auf und endet in vier von zehn Fällen tödlich. Wiederum sind die gestörte Flüssigkeitszufuhr und der Sauerstoffmangel im Gehirn die Verursacher. Ein Hirnödem beginnt mit Taumeln und Halluzinationen und endet mit Bewußtlosigkeit. Erste Hilfe bringen künstlicher Sauerstoff und Cortison, aber Abhilfe schafft erst der Abtransport in geringere Höhen.

Der kluge Reisende (auch er sieht elend aus) trinkt sehr viel. Die Literatur empfiehlt drei bis fünf Liter pro Tag. Doch sie schweigt sich darüber aus, was mit all der Harnsäure geschieht. Wer viel trinkt, der muß häufig springen. Da es in Tibet an Büschen mangelt, wird die Trinkempfehlung vor allem für Frauen zum Fluch. Am besten fährt, wer sich an abgekochtes oder *Tibetan Magic Water* hält und Alkohol meidet, weil dieser dem Körper bekanntlich Flüssigkeit entzieht. Natürlich darf es zwischendurch auch ein salziger Buttertee sein.

Unterwegs sind die Reisenden mit Himalaja-Erfahrung in der Minderheit. Sie sind die Stillen, im Gegensatz zu den Anfängern, die erst die Strapaze verstummen läßt.

Untersuchungen ergaben, daß Tibetreisende solch unverbesserliche Individualisten sind, daß sie sich allesamt zum Summit Club zählen. Selbst wer ein spirituelles Anliegen verfolgt, hält sich für etwas Besonderes. Da in Tibet Gruppenzwang herrscht, wird die Reise für das Ego zum Überlebenstraining. Es lernt unterwegs, Nähe zuzulassen. Gemeint ist die Nähe untereinander, aber auch die Nähe zu sich selbst, zu den eigenen Schwächen. Natürlich dauert es seine Zeit, bis das Kollektiv das Floskelhafte im Umgang hinter sich gelassen hat, bis das »Guten Appetit«, das »Guten Morgen«, das »Gute Nacht« nicht mehr so sittsam ertönen. Mit jedem Tag im Landcruiser läßt auch der Waschdrang nach, und selbst Deutsche sagen: »Was soll's!«

Reisen in Tibet bringt wie von selbst Toleranz mit sich. Nach zwei harten Wochen auf der Piste ist das Ego mürbe, dann stört sich keiner mehr daran, ob das Toilettenzelt die schöne Aussicht auf den Everest oder einen anderen Achttausender versperrt. In den Einöden begegnen sich die Gruppen zunehmend freudig. Man ruft »Hallo«, um gleich ungeniert nach dem Woher und Wohin zu fragen. Neidische Blicke kann es geben, wenn eine große, international zusammengewürfelte Gruppe auf eine kleine, private Gruppe trifft.

Unter den Individualisten sind die Deutschen am besten vertreten, dicht gefolgt von den Amerikanern. Anscheinend drängt es beide ihren Stadtlandschaften zu entfliehen und ihre Sehnsucht nach Romantik zu stillen. Gewiß ist nur, daß die Deutschen die Erfüllung in der Natur suchen, während die Amerikaner auf spiritueller Suche sind. Die Deutschen gebärden sich als solide Besucher, die dem Buddhismus in Stille zugetan sind, während die Amerikaner für ihre buddhistische Neigung gerne die Trommel rühren. Je größer die US-Reisegruppe, desto potenter das Auftreten. Vor allem wenn die Gruppe von einer amerikanischen »buddhistischen« Koryphäe geführt wird. Andächtig wird einem in Berkeley-Slang ins Ohr geflüstert: »Sie bringt die Asche ihres Vaters zum heiligen Berg Kailash.«

Unter den deutschen Tibetreisenden überwiegen jene, die Sozialberufen oder zumindest kreativen Berufen nachgehen. Alle kommen aus einer multikulturellen Gesellschaft. Sozialpädagogen, Psychotherapeuten, Kunsthändler, Architekten, Ärzte und sogar Seelsorger sind anzutreffen. Gerade die Sozialengagierten zeichnen sich durch ihren zuvorkommenden Umgang mit den Einheimischen aus. Selbst wenn sie von diesen übers Ohr gehauen werden, sprechen sie noch davon, daß man »Grenzen nicht überschreiten soll«. Da reist die zielstrebige Architektin aus Franken, die noch weit vor Tibet

—— 15 ——

ankündigt, vor Tempelhallen müsse man die Schuhe aus-
ziehen. Da ist der Pfarrer aus Kiel, der seine unbeschol-
tene weiße Stirn unter einem ledernen Cowboyhut versteckt und so massenhaft Gepäck mitführt, daß er jede
Plastiktüte numerieren muß. Als Krönung trägt er – später läßt er tragen – ein faltbares Dreibein-Hockerchen am
Rucksackboden mit sich herum, damit er bei der Rast
seinen Allerwertesten schonen kann.

Der klassische Tourist ist spirituell geneigt und be-
tucht. Daß er Geld hat, sieht man an seiner Trekking-
Kleidung, die weit über tausend Mark kostet. Sie ist
wind- und staubabweisend aus buntem Goretex. Die fa-
vorisierte Farbe ist Weinrot, das Rot der Lamas. Drei Ar-
chetypen lassen sich unterscheiden: der Sportive, der Ge-
nießer, der Soziale, den man auch einen Völkerfreund
nennen könnte. Vielleicht lassen sich alle auf den Nenner
bringen, daß sie Menschen sind, für die das Leben eine
Bürde darstellt. In gewisser Weise masochistisch, setzen
sie sich der Strapaze Tibet aus, weil sie am Ende den Beweis erbracht haben möchten, daß sich das Leben viel
leichter leben läßt. Aber womöglich handelt es sich auch
nur um Menschen, die permanent Bewegung brauchen.

Schon zu Beginn sei auf das Ende hingewiesen: Rückkehr und Abschied hängen von der Art der Annäherung
ab. Wer ruckartig und von Kathmandu im Fünfzig-Mi-
nuten-Rush und von Chengdu im Neunzig-Minuten-
Rush nach Lhasa einfliegt, den überkommt ein Gefühl
der Betäubung, als wäre er aus einem schweißtreibenden
Traum erwacht. In der Kürze der Zeit ist es unmöglich,
eine Beziehung aufzubauen. Wer sich hingegen langsam,
stetig an Höhe gewinnend Tibet annähert, der fühlt sich
am Ende der Reise in jeder Hinsicht stärker. Das Herz

hat dazugelernt und pumpt energischer. Auch die Blase hat mehr geleistet. Alle Organe haben ihre Funktion zu steigern gelernt. Wenn sie jetzt ausruhen dürfen, hinterlassen sie einen Zustand »gesteigerter Kondition«. Und der Geist tanzt, er ist beflügelt. Den Zustand des Rückkehrers darf man als euphorisch bezeichnen. Was die Tibeter mit ihren Niederwerfungen erreichen, nämlich die Reinigung von Körper, Rede und Geist, das erreicht der Tibetreisende durch richtiges Reisen.

Sonne, Wind und Staub

Wer von Westnepal die »Schneewohnung«, den Himalaja, betritt, der wird als erstes von einem fellgrauen Nebel begrüßt. Das Donnern der stürzenden Wasser ist längst verklungen, die Brise ist zu einem höhnischen Wind angeschwollen. Auf 4600 Meter Höhe gebärdet er sich wie eine Schutzgottheit, die Staub und feine Kiesel den Pilgern entgegenschleudert. Er reißt an ihrer Kleidung und schlägt ihnen ins Gesicht, als wollte er nur die Härtesten durchkommen lassen. Er läßt die Erde tanzen, verwirbelt sie zu gelbem Staub, der sich wie ein Film auf alles legt. Dieser feine Staub dringt durch jeden Reißverschluß und kriecht in jeden Klettverschluß. In ihm verbirgt sich die Kraft des Windes, der die Härte jedes Steins besiegt. Der Wind ist die große Melodie Tibets, anschwellend, abschwellend; pianissimo, wenn die Sonne brennt, fortissimo, wenn sie sich hinter den Bergen zur Ruhe begibt. Niemals endend, singt er seit Ewigkeiten das tibetische Lied. Auf der Paßhöhe dröhnt dieses Lied ohrenbetäubend und knatternd in den Gebetsfahnen, und trotzdem lüften die Pilger ihre Kopfbedeckung und rufen »Sosoooo« den Göttern zu. Wind und Sonne formen die Landschaft: Der Wind zermürbt den Stein, die Sonne malt das satte, dunkle Himmelsblau, schattiert das Braun der Erde und das Grau des

Steins. Nach wenigen Schritten verliert der Wind am Paß seine lärmende Kraft und zur Belohnung öffnet Tibet seine Weiten.

Wie sich die Berge kahl und grünlich grau zum Horizont hin aufreihen, könnten sie auch den Mond oder Mars schmücken. Was wie gigantischer Schutt oder der Abraum eines gewaltigen Industriewerks aussieht, ist Fels aus Kalkstein, Kieselschiefer und Basalt. Oft ist der Fels von der Winderosion morsch wie altes Holz, grau-oliv eingefärbt und zeigt Graniteinschlüsse. Die Grate der Berge sind gezackt, doch die weich gewölbten Hänge beruhigen das Gemüt, denn sie gleichen schmiegsamen Kissen. Die Hänge hinauf wachsen Sanddünen, deren Bewuchs an ein Leopardenfell erinnert. Die Flecken sind schwarzgrüne Macchiapolster, das Gelbe ist Sandstein, das Kupferrote und Eisenerzschwarze sind mineralische Einschlüsse im Gestein. Das einzig Kantige an diesen Hängen sind die Kerben, die Sturzbäche in die Erde geätzt haben.

In der klaren Luft scheinen die Bergketten kinderleicht zu bezwingen, und man vergißt, daß sie in 4600 Meter emporragen. Um Lhasa herum wirken sie wie aufgeschüttet. Hier wachsen zerknautschte Bergketten aus topfebenen Flächen, in denen sich Planquadrate von Siedlungen breitmachen. Die kulissenartige Auftürmung und das wechselhafte Spiel von Sonnenlicht und Wolken belebt die Kargheit der Bergketten. Weit oberhalb der Baumgrenze und höher, als jeder Busch sich fortpflanzen kann, wird die Erde zum Symbol für Schroffheit. Ewiger Schnee krönt die höchsten Gipfel. Aber der Schnee, der über Nacht vom Himmel fällt, schmückt die Abhänge nur kurz. Bereits am späten Vormittag sind die sechs-

eckigen Eisperlen und runden Becherkristalle wieder
verdampft. Über die Jahrhunderte frästen Schmelzwasser
und Sommerregen Schluchten und Rinnen in die Abhänge, an denen gelbgrüne Büsche wie Pilze aus dem
Boden sprießen. Auf der Höhe fehlt das Grün. Hier fehlt
der Wald, der Ort der Undurchdringlichkeit. Die stei-
nige Landschaft erlaubt keine Heimlichtuerei und auch
nichts Modriges oder Feuchtes. Selbst das Grün der Pappeln und der Felder auf der weiten Hochebene wirkt
trocken und eingestaubt. Den süßen Duft von Gras muß
der würzige Geruch von Stein und Staub ersetzen. Das
verspricht ein neues Erleben. Wer in Tibet Steine sammelt, glaubt zu fühlen, daß sie über die Jahrtausende eine
Rinde bekommen haben. Braun, Grau und Ocker sind
die vorrangigen Farben dieser Landschaft.

In *Die Pforten der Wahrnehmung* schildert Aldous Hux-
ley, wie er sein Bewußtsein durch Meskalin erweiterte
und wie ihm ein langsamer Reigen leuchtender Farben
begegnete. Das Rot von Buchrücken glühte rubinrot, das
Papier schimmerte weiß wie chinesische Jade. Die Droge
aus dem Kaktus Peyote machte die Farben und ihre Ge-
genstände um ihn herum dichter, strahlender, zutiefst be-
deutungsvoll. Als Essenz seines Experiments schreibt er:
Das Bewußtsein war nicht mehr auf ein Ich bezogen.

Der tibetische Yogi Milarepa, indische Gurus, aber
auch die griechischen Säulenheiligen der Thebais erlang-
ten einen ähnlichen Bewußtseinszustand durch Fasten
und Meditation. Die Meister unter den tibetischen Lamas meditierten über die Farben ihrer Außenwelt, über
das Himmelsblau, das Wolkenweiß, das Erdbraun und
das Felsgrau, und erkannten in ihrer Innenschau fünf Farben, denen sie die fünf ursprünglichen Elemente Erde,

Wasser, Feuer, Luft und leeren Raum zuordneten. Sie gingen noch weiter und ordneten den fünf elementaren Farben fünf Himmelsrichtungen und fünf vollendete Buddhas zu: Vairocana (»Der alles zu völligem Leuchten bringt«) entspricht die Farbe Weiß und die Himmelsrichtung Osten. Dieser Ur- oder Adi-Buddha beseitigt die Unwissenheit, indem seine Hände das Rad der Lehre in Bewegung setzen. Akshobya (»Der Unerschütterliche«) verkörpert ein tiefes Blau und die Mitte (manchmal auch den Osten). Mit seiner Rechten berührt er die Erde und zeigt so die wahre Natur allen Seins. Ratnasambhava (»Dessen Ursprung das Juwel ist«) löst Ichsucht und Stolz auf. Er symbolisiert die Farbe Gelb, den Süden und öffnet seine Rechte zur wunschgewährenden Geste. Amitabha (»Der unermeßlichen Glanz hat«) steht für den Westen und die Feuerfarbe Rot. Seine Hände schließen sich zum Mudra der Meditation. Sein Thema ist die Weisheit der grundlegenden Gleichheit. Amoghasiddhi (»Der des unbeirrbaren Gelingens«) entsprechen Grün und der Norden. Dieser vollendete Buddha löst Habgier und Geiz auf. Aber nicht Habgier oder Geiz, nicht Glück oder Liebe unter den Menschen waren es, die die Buntheit und Fülle des tibetischen Buddhismus provozierten, sondern das Karge und Reduzierte der tibetischen Naturlandschaft. Es ist wie mit Träumen, die meisten sind farblos, und trotzdem schillern sie in der Erinnerung.

Auf das Erdbraun und das grüne Felsgrau malen zottelige Yaks schwarze Tupfer, und unter den fernen weißen Gipfeln entspringen Flüsse. Mäanderndes Schmelzwasser, Dörfer aus Lehmwürfeln und stacheliges Gebüsch, an dem Ziegen und Maultiere zupfen, als wären ihre Lippen bewehrt, beleben die Täler. Diese ziehen sich hin, verschwinden hinter Felsnasen, wo sie in neue Täler münden, hinter denen wiederum Täler liegen. Sie scheinen sich, endlos ineinandergefügt, bis ans Ende der Welt zu dehnen. Am Zusammenfluß zweier Bäche trotzt eine hundertjährige Tränenkiefer krumm und schief dem Wechsel der Jahreszeiten. Plötzlich ertönt Glockengebimmel. Die späte Sonne erfaßt zwei Mönche. Zügig kommen sie angeritten. Sie gehören zum Orden der *Ningmapa*, tragen tiefrote Röcke und gelbe Zipfelmützen. Die rote Sonne sinkt bereits dem Berggrat zu, da haben sie es eilig ihr Ziel zu erreichen, sie spornen ihre Tiere mit tibetischen Rufen an.

Dem gleichförmig wiederkehrenden Bastbraun, Eichenbraun, Zimtbraun, Saharabraun, Zwiebelbraun, Papierbraun und dem hiermit neu kreierten Tibetbraun, kurzum jener Farbe, die im Westen als Inkarnation der Faulheit, der Unmäßigkeit und des Unerotischen gilt, widerspricht das Wetter. In schnellem Wechsel kann auf Sonne Regen oder Schnee folgen und umgekehrt. Aus sternklarem Himmel kann es im Juli oder auch September plötzlich hageln oder schneien. Doch nicht dieser abrupte Umschwung ist erschreckend, sondern die langfristige klimatische Entwicklung: immer weniger Niederschläge, immer stärkere Austrocknung und Versandung. Obwohl der tibetische Winter Temperaturen bis minus 40 Grad Celsius aufweisen kann, bleibt der Schnee immer öfter aus. Das Wetter ist extrem wie das Nebeneinander von Sonnenglut und Eiswind. Während die Gesichtshälfte, die ungeschützt zur Sonne zeigt, böse verbrennen kann, friert die andere im Schatten. Die Polarität hat viele Gesichter und wird uns noch oft begegnen.

Das tibetische Hochland erstreckt sich über zehn Millionen Quadratkilometer und ist von Gebirgen umschlossen. Im Süden vom Himalaja, im Westen vom Karakorum und im Norden vom 7300 Meter hohen Kunlun. Tibets Ausmaße sind gewaltig: in nordsüdlicher Richtung erstreckt es sich über 2400 Kilometer, in westöstlicher über 1200 Kilometer. Mit Indien, Nepal, Sikkim, Bhutan, Birma verbindet Tibet eine insgesamt 3842 Kilometer lange Grenze, allein die indisch-tibetische Grenze mißt 2000 Kilometer. Im Grenzgebiet nördlich von Ladakh sind 33 000 Quadratkilometer umstritten und werden von chinesischer Armee bewacht.

Lange bevor die Chinesen kamen, unterteilten die Tibeter ihr Land in die drei Provinzen Ü Tsang, Amdo und Kham. Diese historischen Bezeichnungen – und nicht die chinesischen Verwaltungsnamen – sind noch immer populär. *Ü Tsang* (gesprochen: dBus Tsang) umfaßt Zentral- und Westtibet. Die ungeheuren Weiten des Westens, wo der heilige Berg Kailash aufragt, untergliedern sich in die Gebiete Ngari und Changthang, in denen die Nomaden mit großen Yak- und Ziegenherden leben. In den steinigen Ebenen sehen ihre schwarzen Zelte mit den langen Spannschnüren wie langbeinige Spinnen aus. Die Nomaden des Changthang leben in Gruppen von zehn bis zwanzig Familien. Kein Landstrich liegt so hoch und ist so dünn besiedelt. Das Changthang besteht größtenteils aus Steppen und Wüsten, die sich auf rund 5000 Meter erstrecken. Der höchste Berg ist der Zangser Kangri (6640 m). Nach der Statistik lebt hier auf zehn Quadratkilometern ein einziger Mensch.

Das Changthang ist das Ziel von Expeditionen. Wo der Mensch fehlt, entfaltet sich die Fauna. Auf Überland-

fahrten entdeckt man flüchtende Pferdeesel (tib.*kiang*),
Wildyaks und Gazellenherden. Häufig zeigen sich Mur-
meltiere entlang der Piste. Kaum noch auszumachen sind
Wildkatzen, Füchse, Bartgeier, Steinadler, Wiedehopfe,
Riesenschneefinken und Rebhühner. Vom Aussterben
bedroht sind Schwarzhals-Kranich, Antilope, Moschus-
ochse, Braunbär, Blauschaf, Tiger und Schneeleopard.
Nur ein Tier vermehrt sich mit wachsender Touristen-
zahl. Das ist der gemeine Floh.

Amdo nennen die Tibeter von alters her den Nordosten, der nach der chinesischen Verwaltungsreform auch
Teile der chinesischen Provinzen Qinghai, Gansu und Sichuan umfaßt. Die Menschen aus Amdo, die *Amdowa*,
gelten als besonders ehrlich und tief religiös. Sie sind zu-
rückhaltend und nicht so neugierig wie ihre Landsleute
aus dem großstädtischen Lhasa. Verwunschene Seetäler
verstecken sich zwischen Amnye Machen, dem heiligen
Berg der nordosttibetischen Golok, und dem Minshan
(Min-Gebirge) im nordwestlichen Grenzgebiet zwischen
Qinghai und Sichuan. In diesen wenig bekannten Tälern
fällt kristallklares Wasser über Klippen in stille Seen,
deren schönster Spiegelsee heißt. Reisende schwärmen
vom Wasserfall an der Perlenklippe, dort hätten sie ihr
persönliches Shangri-La, ihr Paradies zwischen den Welten, entdeckt. In den Tälern von Amdo ernten die Bauern Äpfel, Aprikosen, Walnüsse und vielerlei Gemüse.
Am Wegesrain sind Rhododendron, Clematis und
Eisenhut zu finden.

Kham ist der Name für Osttibet, das auch Teile der
chinesischen Provinzen Yünnan und Sichuan umfaßt.
Hier ist Tibet schon milde und das Klima in den tieferen
Tälern bereits subtropisch. Hier gedeihen sogar Pfirsiche

und Kirschen. An den Berghängen findet man Enzian, Alpenmohn, Edelweiß, Hornkraut und Blasenfarn. Die wichtigsten Städte sind Derge und Chamdo. Die Menschen von Kham, die *Khampa*, leben von Viehzucht, Ackerbau und Handel. Sie sind die eigenwilligsten unter den Tibetern, sie bändigen ihre blauschwarze Haarpracht in einem um den Kopf geschlungenen Zopf, an dessen Ende eine rote Quaste prangt. Ein Khampa wäre kein Khampa, trüge er nicht einen Dolch oder eine Schleuder am Gürtel. Vor ihrem Zorn sollte man sich hüten. Wem das alles zu kompliziert ist, der merke sich nur zwei Namen: *Tö*, die obere Region (Zentral- und Westtibet) und *Mä*, die untere (Amdo und Kham).

Alte, löchrige Korallen und Schneckenfossile in den Händen von Souvenirhändlern sind der Beweis, daß das Dach der Welt einst unter Wasser lag. Kaum zu glauben, aber wahr, das Tibetplateau bildete im Paläozoikum den Grund des Tethys-Meeres. Wo heute der Himalaja über 8000 Meter emporragt, erstreckte sich vor mehr als hundert Millionen Jahren eine Küste mit Gräsern und Strand. Doch dann geschah Erdbewegendes. Die indische Kontinentalplatte driftete nordwärts und bohrte sich im Tertiär, vor fünfzig Millionen Jahren, in die eurasische Kontinentalplatte; die Tethys verlor ihren Grund, als durch den Zusammenprall der Himalaja emporgeschoben wurde. Das heutige Südchina mußte nach Osten ausweichen, es wurde in den Pazifik vorgeschoben. Und erst vor einer Million Jahre entstand das tibetische Hochland in seiner heutigen Gestalt, für Felsgestein ein sehr junges Geburtsdatum. Der Mount Everest (Chomolungma »Herrin der Berge«) wandert noch immer jährlich um fünf bis sechs Millimeter in nordöstlicher Richtung und ist mittlerweise 8850 Meter hoch (1953: 8848 Meter). Die Furche, wo sich in menschenloser Vorzeit die indische und die eurasische Kontinentalplatte inein-anderbohrten, wurde zum Einzugsgebiet des wichtigsten tibetischen Flusses, des 2075 Kilometer langen Yarlung Zangbo, der an seinem Unterlauf Brahmaputra heißt.

Das Permit

Von wegen! Ein chinesisches Visum ist noch kein Anlaß, um zu triumphieren. Jetzt fängt der ganze Widersinn erst an. Ja früher, da war alles besser. Vor fünf Jahren hieß es unter Insidern noch: »Wenn du dein Visum bei der chinesischen Botschaft beantragst, dann sag nicht, daß du nach Tibet reist!« Der Insider, der natürlich nicht in der Gruppe reist, gab Shanghai oder Peking als Ziel an und reiste mit einem chinesischen Touristenvisum anstandslos von Kathmandu aus nach Lhasa ein. Diese Mogelei funktionierte allerdings nur, wenn er den zweiten Rat befolgte: »Hol dir erst das chinesische und dann das nepalesische Visum.« Vorbei sind diese liberalen Zeiten. Heute – und wohl auch noch in Zukunft – taugt ein Individualvisum nur noch, um vom Staatsgebiet der Volksrepublik China in die Autonome Region *Xizang* einzureisen.

Ist es nicht widersinnig, wenn die sozialistische chinesische Regierung die Welt immer wieder rechthaberisch an ihre Souveränität über Tibet erinnert, gleichzeitig ihre Botschaften in der Welt aber nicht befugt sind, Einzelvisa für einen Teil dieses Staatsgebietes auszustellen? In chinesischen Visaabteilungen hört man: »Tibet ist nur in einer Gruppe zu bereisen.«

»Warum? Aus politischen Gründen?«

»Nein, nein, keineswegs. Allein aus gesundheitlichen Gründen ist Tibet wegen der Höhe und wegen des Klimas für Ausländer zu gefährlich.«

Das sagen sie jedem, auch Leuten, die schon oft in Tibet waren, und entlarven sich mit diesen Worten. Denn die Schirmherren der chinesischen Diplomatie verbreiten ihre widersinnige Politik auch schwarz auf weiß. So liegen in den Amtsstuben der Botschaften die Propagandaheftchen »Tourismus in Tibet« und »Der Schleier des Geheimnisses wird gelüftet« aus. Danach darf der westliche Tourist fast alles, zum Beispiel allein zu Fuß oder mit dem Fahrrad Tibet erkunden und sogar von Indien einreisen. Leider entspricht diese Freizügigkeit nicht der Wahrheit. Tatsache ist, daß ein Einzelreisender nur von China aus Tibet betreten kann. Von Nepal aus nur in einer Gruppe über Zhangmu und den Grenzübergang in Westnepal zwischen Simikot und Purang. Schon jahrelang ist davon die Rede, daß der Übergang nach Sikkim in Indien geöffnet werden solle. Solle! Ergo müssen alle Abenteurer eine Gruppenreise buchen – entweder zu Hause oder in Kathmandu. Wer erst in Nepals Hauptstadt seine Tibet-Reise organisiert, spart viel Geld. Wofür deutsche Anbieter rund 4000 Mark verlangen, nämlich für Flug und eine Woche Lhasa, zahlt man in Kathmandu knapp die Hälfte. Allerdings muß man bei der Buchung vor Ort damit rechnen, daß die Trekking-Ausrüstung gerade mal nepalesischen Standards genügt: brüchige Zelte, klemmende Reißverschlüsse, fehlende Heringe, durchgelegene Isomatten und rostige Campingtische.

Buchen wir eine Gruppenreise in Kathmandu und lassen uns überraschen, was hinter den Kulissen passiert.

In Thamel, dem aufdringlichen Touristenviertel, und auf den *yellow pages* bieten viele Agenturen »ganz individuelle« Tibetreisen an. Das können sie sich nur leisten, weil sie – hinter den Kulissen – ihre Klienten mit denen anderer Agenturen zusammenwürfeln. Der Tibetmarkt ist nicht nur heiß umkämpft, sondern auch voller bürokratischer Hürden. Um überhaupt eine Chance im Tibetmarkt zu haben, muß eine nepalesische Reiseagentur mit einem tibetischen oder chinesischen Partner in Lhasa kooperieren. Erst wenn diese Grundvoraussetzung erfüllt ist, kann sie eine Touristengruppe zusammenstellen. Aber auch hier wird reglementiert. Je nach Grad der Restriktion, der von der großen Politik abhängt, beträgt das Minimum fünf Teilnehmer. In liberaleren Zeiten geht es auch schon mit drei Personen.

Ist in Kathmandu (von mehreren Agenten) die Fünfergruppe zusammengewürfelt, werden die Namen der Teilnehmer dem Partner nach Lhasa gefaxt. Von dort trifft – nach einem Computercheck und dem Okay der staatlichen Einreisebehörde – die Einladung per Fax ein. Mit der Einladung und den mindestens drei Monate gültigen Reisepässen der fünf Teilnehmer begibt sich der nepalesische Agent zur chinesischen Botschaft in Kathmandu, wo er fünfzig US-Dollar pro Person bezahlt. Im Nu erhält er das Gruppenvisum. Sollte allerdings in einem Paß ein gültiges chinesisches Individualvisum entdeckt werden, dann wird dieses mit dem vernichtenden Vermerk *cancelled* versehen. Die ganze Prozedur bringt magere Zeiten für Visumsammler mit sich, denn im Paß taucht inzwischen kein Stempel mehr auf. Alles spielt sich nun auf der »List of Tourist Group« ab. Auf diesem losen Stück Papier sind die Teilnehmer numeriert mit

Vor- und Zunamen, allen persönlichen Daten und mit Nationalität und Paßnummer aufgeführt. Das Ganze hat auch noch einen terminlichen Rahmen, der von der Einreise bis zur Ausreise reicht. Wozu das gut ist, darüber später. Bei der Einreise an der Grenze oder am Flughafen von Lhasa werden die Reisepässe nicht mehr gestempelt, sondern lediglich mit dem Eintrag auf dem Gruppenvisum verglichen. Allerdings wird der Name jedes Reisenden von langer Hand im Immigrationscomputer gespeichert.

Auch wenn sich die chinesische Bürokratie für clever hält, man kann sie doch überlisten. Bekanntlich rufen mehr Gesetze, Bestimmungen und Restriktionen mehr Widerstand hervor. So kommt es hinter den Kulissen zu allerlei Schummelei. Gleich beim Zusammenstellen einer Gruppe wird geschwindelt. Imaginäre Personen werden aufgelistet oder Namen von Nepalesen, die definitiv nicht mitreisen. Ist die Einladung – auch für diese Phantome – erfolgt, spricht der nepalesische Veranstalter bei der chinesischen Botschaft in Kathmandu vor und entschuldigt sich, die Personen X, Y, Z seien erkrankt, leider seien nur noch zwei übriggeblieben. Zwar schlägt diese »Minigruppe« der Bürokratie ein Schnippchen, doch bei den enormen Monopolpreisen (Hin- und Rückflug und vier Tage Lhasa in einem Vier-Sterne-Hotel für 1156 US-Dollar) wird sie sich damit abfinden.

Wie gesagt, das lose Blatt »List of Tourist Group« erlaubt einer ganzen Gruppe einzureisen. Aber mit einem (wenig bekannten) Trick und einigen *greenbacks* kann das Gruppenvisum in ein Einzelvisum umfunktioniert werden. Voraussetzung ist, daß alle beim Mogeln mitspielen: das nepalesische und das tibetische Reisebüro – und auch die Beamten am Flughafen, dem einzigen Ort in Tibet, wo sie noch cleverer sind als in Peking. Als allererstes muß das Reisebüro in Kathmandu einen längeren Tibetaufenthalt beantragen, als die Gruppe tatsächlich beabsichtigt. Frühstens zwei Tage vor ihrem Rückflug fährt der tibetische Agent zum Flughafen, wo er in einer der vielen Amtsstuben einen guten »Freund« besucht. Dieser *cancelled* gegen eine Gebühr von 25 Dollar pro Nase all diejenigen, die ausreisewillig sind (die Zahlung hängt vom Länderstatus ab; 25 Dollar zahlen Touristen aus USA, Japan, Frankreich und Großbritannien, Deutsche bekommen es billiger). Und jetzt das Entscheidende: Nicht gelöscht wird der Name desjenigen, der noch länger im Lande bleiben will. Die ausreisenden Gruppenteilnehmer geben beim Verlassen eine Kopie ihrer »List of Tourist Group« ab, während die Einzelperson mit dem Orginalpapier noch bis zum Verfallsdatum im Land reisen darf. Es mag vorkommen, daß das Beamtengesicht unter der olivgrünen Mütze stutzt, wenn ihm ein Individuum ein Gruppenvisum mit verwirrend vielen *cancelled*-Stempeln zur Ausreise vorlegt, doch der Tibeter tut seine Pflicht und winkt das Individuum an der schwarzen Scheibe vorbei. Übrigens läßt sich auch ein Gruppenvisum im Besitz einer Einzelperson mit Geld verlängern.

Gewiß ist der Gruppenzwang eine Maßnahme einer ins Kollektiv vernarrten sozialistischen Regierung, die auf diese Weise gleich zwei Fliegen mit einer Klappe schlagen kann. Sie kann die Preise der staatlich zugelassenen Reisebüros monopolartig lenken (die Übernachtung in einem Guesthouse mit Plumpsklo und Waschschüssel und ein einfaches Essen kosten Pfennige, verglichen mit den Monopolpreisen) und gleichzeitig die

viel zu individualistischen ausländischen Gäste gruppen-
dynamisch lenken. Zu diesem Zweck greift sie den
maoistischen Leitgedanken »Das Alte in den Dienst des
Neuen stellen« wieder auf.

Mit Beginn des 11. Jahrhunderts, zu Zeiten der chinesischen Renaissance, waren Staatsreformen notwendig
geworden, um das Kaiserreich der Song zu erhalten. So
beschloß ein Staatsminister, ein gewisser Wang Anshi
(1021–1086), die aufgeblähten und teuren Söldnerheere
abzuschaffen und den bedrohten Staat durch Bauernmi-
lizen verteidigen zu lassen. Er schuf Volksmilizen, *baojia*
genannt, die aus Einheiten von je zehn Familien bestanden. Diese Familienverbände wurden vom Staat bewaff-
net und von regulären Soldaten trainiert. Eine derartige
Volksbewaffnung mag auf den ersten Blick revolutionär
erscheinen, tatsächlich erwuchs aus den *baojia*-Milizen
ein raffiniertes Überwachungssystem. Denn sobald ein
Familienmitglied am Kampf zweifelte oder gar in die
Berge desertierte, wurden Vater, Mutter, Brüder, Verwandte ersten und zweiten Grades und alle weiteren
neun Familien zur Rechenschaft gezogen. Mit der Zeit
kam es immer häufiger vor, daß ganze Dorfgemeinschaf-
ten geköpft wurden, weil ein einzelner *baojia* unterlief.
Wenn im *baojia*-System die historische Wurzel für das
Gruppenvisum liegt, bleibt nur zu hoffen, daß es nicht
eines fernen Tages militärischen Zwecken dienen muß.

Das Mißtrauen der Staatshierarchie ist so ausgeprägt
und ihr Geldhunger so unersättlich, daß sie nicht nur die
Ausländer, sondern auch die chinesischen und chinesisch-tibetischen sowie die tibetischen Reisebüros in
Lhasa kontrolliert. Auf dem heißumkämpften Touristen-
markt hat allein das Reisebüro eine Chance, dem es ge-

lingt, die fünf Sektionen des Touristikbüros in Lhasa, das dem staatlichen Reisebüro Lüxingshe in Peking untersteht, jährlich mit 60 000 Yuan zu füttern. Die vier Sektionen sind: Auswärtiges, Armee (zuständig für Grenzregionen und Westtibet), Einreise und die Fluggesellschaft China Southwest Airlines. Verschwindet ein Ausländer, werden alle Sektoren alarmiert und im ganzen Land beginnt eine hektische Suchaktion über Telefon.

Ein Reiseveranstalter, der in diesen Sektionen keine »Freunde« hat, bekommt keine Genehmigungen für Touristenreisen. Keine Sorge, »Freunde« finden sich leicht, man braucht nur Geschenke zu verteilen und die Herrschaften in ihren graublauen Anzügen und gedeckten Seidenschlipsen zu Banketten und anschließenden Besuchen in *OK*-Bars mit willigen Damen einzuladen. Nur ein einziger Reiseveranstalter hat Bestechung nicht mehr nötig; das ist TIST (China Tibet International Sports Travel). Dieses Subunternehmen des chinesischen Sportministeriums ist so mächtig und linientreu, daß es als einziges Reisebüro eine Filiale in Kathmandu unterhalten darf. An TIST kommt kein ausländisches Reisebüro vorbei.

Sie wollen trotzdem buchen? Gut, bleiben Sie am Text, denn jetzt kommt das Herzstück, das maßgeblich über Glück oder Unglück entscheidet. Wieder dreht es sich um ein weiteres Papier, diesmal ist es ein Faltblatt und von violett-lindgrüner Farbe. Auf dem Deckblatt steht »The People's Republic of China, Aliens' Travel Permit«, drinnen handgeschrieben der Name des Reisenden und seine Reiseorte sowie die Gültigkeit. Außerdem der Name der Person, die ihn begleitet. Schließlich ziert das Ganze ein großer roter Stempel mit dem Tor des

— *33* —

Himmlischen Friedens und vier kleinen Sternen, die sich um einen großen scharen. Das paßähnlich aufklappbare Papier, kurz Permit genannt, wird vom Public Security Office (PSO) ausgestellt.

Das Autonome Gebiet Tibet, rund 1,23 Millionen Quadratkilometer groß, ist in sieben Verwaltungsbezirke gegliedert, wovon einer, die Hauptstadt Lhasa, unmittelbar dem Volkskongreß des Autonomen Gebietes unterstellt ist. Die sechs anderen sind Shigatse (Xigaze), Shannan, Nyingchi, Qamdo, Nagqu und Ngari. In all diesen Bezirken, die wieder in siebzig Kreise unterteilt sind, ist das Reisen reglementiert. Überall außer in Lhasa muß man zur Übernachtung sein Permit vorzeigen und sich beim PSO registrieren lassen. Vor dem Verlassen von Tibet gilt es, das Permit zurückzugeben. Wohlgemerkt, ein Gruppenreisender braucht sich um sein Permit nicht zu kümmern, das erledigt alles der tibetische Gruppenleiter. Wer allerdings allein von China einreist, der muß sein Permit, das auf chinesisch *gong an-ju* und auf tibetisch *tchideläkung* heißt, in Lhasa beim PSO beantragen lassen.

Im gewöhnlichen Public Security Office sitzen Tibeter unter einem Farbfoto des Panchen Lama, das von einem geweihten, einst weißen Khatak (Glücksschal) bekränzt wird. Auf einem kniehohen Beistelltischchen dampft eine offene Thermoskanne mit Blumenmuster und dem chinesischen Schriftzeichen für »Doppelglück«. Neben einem randvollen Aschenbecher stehen rotbraune Holzschalen in einer Lache von erkaltetem Buttertee. Die Polizisten in Uniform sitzen auf mit tibetischen Teppichen belegten Holzpritschen. Ihre olivgrünen Mützen und die Plastikausweise mit ihrem Konterfei hängen an Nägeln am Wandregal. Hinter einem aufgespannten

Tuch mit angegrautem Blumenmuster verbirgt sich ein weiteres Regal, wohl für Geschirr. Versteckt hinter Kartons und Holz bullert ein Öfchen. Durch das mit Pappe geflickte Glasfensterchen dringt der Lärm eines Würfelspiels in die warme Amtsstube. In kurzen Abständen knallt ein Würfelbecher satt auf das Lederkissen, und in noch kürzeren Abständen wird auf tibetisch gebrüllt. Nach zartem Klopfen geht die Tür auf und ein tibetischer Guide tritt mit Geldbündeln in der einen und einer Zigarette in der anderen Hand ein. Zaghaft verkündet er, daß er seine sechsköpfige ausländische Reisegruppe für die zurückgelegte Tagesetappe registrieren lassen wolle. »Korrekt«, brummt der Polizist, nimmt einen tiefen Zug aus seiner Zigarette und kassiert im Handumdrehen für die Weiterfahrt 400 Yuan. Wird allerdings vom Guide das Registrieren versäumt, muß die Gruppe eine Geldbuße entrichten und wird beim nächsten Checkpoint gnadenlos zurückgeschickt. Kaum trösten dürfte die solchermaßen Betroffenen, daß auch der tibetische Guide unter dem strammen Reglement leidet. Er ist es, der das Permit der Ausländer am Ankunftsort vorzeigen muß, er ist verantwortlich, sollte das Permit verlorengehen oder abgelaufen sein. Auch er benötigt – wie alle Tibeter – ein spezielles Permit für das Betreten der Grenzregion. Zusätzlich zu diesem *border permit* muß er einen weiteren Ausweis stets zur Hand haben: seinen Guide-Ausweis, ausgestellt vom nationalen Touristikamt. Um dieses kleinformatige schwarze Paßimitat zu bekommen, muß er Jahr für Jahr eine Eignungsprüfung ablegen und jedesmal 500 Yuan (Monatsverdienst 750 Yuan) bezahlen. Diese Prüfung ist nichts anderes als Gesinnungsschnüffelei. Sie findet in chinesischer Sprache statt, fordert

Antworten auf Fragen zur Diktatur des Proletariats, zur Rolle des Dalai Lama und zur Losung »Free Tibet«. Damit kein Guide unvorbereitet in diese Jahresprüfung kommt, wird Monat für Monat ein Büro-Meeting zu den Richtlinien der Kommunistischen Partei Chinas (KPCh) abgehalten.

Um keinen schalen Nachgeschmack zu hinterlassen, sei dem Kollektivreisenden nochmals versichert, daß ihn das alles nicht tangieren muß. Und dem Individuum sei geraten: Fliegen Sie nach Hongkong, und beantragen Sie dort ein sechsmonatiges Touristenvisum für China. Das öffnet den Weg nach Chengdu in der Provinz Sichuan im Südosten des Tibetplateaus. In Hongkong oder erst in Chengdu müssen Sie ein Reisebüro kontaktieren, denn Sie brauchen das Permit. Am besten fahren Sie mit einem tibetischen, das in Lhasa ansässig ist. Per Fax korrespondieren Sie von Ihrem Hotel in Hongkong oder Chengdu aus mit Lhasa. Wer handelseinig geworden ist, der faxt eine Kopie seines Passes samt Visum nach Lhasa, wo das Permit innerhalb von drei Tagen beantragt werden kann. Das dortige Reisebüro sendet daraufhin einen fliegenden oder fahrenden Boten, denn ohne Permit kann man weder ein Flugticket kaufen noch die 2413 Kilometer lange Bergstrecke über Qamdo nach Lhasa befahren. Zur Beruhigung: Der tibetische Guide reist mit zurück.

Unterwegs

Eine Tibetreise kann, wie bereits erwähnt, der Selbstfindung dienen. Bei manchen steigert sie sich auch zu einer Flucht in die Extreme. Vielen begegnet unterwegs die eigene Kindheit, die Phase, da Ängste, Sehnsüchte und Vorlieben geboren werden. Durchweg ist jede dieser Reisen eine Suche nach dem Sinn des Lebens. Die Kargheit und die Weite der Natur erwecken ein Echo tief im Inneren. Keinen läßt die Leere der Landschaft kalt. Die Weite raubt einem den Boden unter den Füßen. Es ist, als verlöre sich die Schwerkraft, das Zentripetale, das einen am Boden hält. Man wähnt sich im Sog einer zentrifugalen Kraft, die einen mitreißt, hinein in die Tiefe des Raumes. Wie entsteht diese Tiefe? Durch die klare Luft, die Menschenleere und die stummen, die Piste über Stunden und Tage begleitenden Telegraphenmasten, durch die Kargheit der Landschaft und die Nähe zum tiefblauen Himmel, an dem Wolken zum Greifen nahe hängen. Diese Wolken sind leicht, erfüllt von grenzenlosem Optimismus. Sie könnten die lockeren Begleiter von Himmelswandlerinnen, von *Dakini*, sein. Ohne diese Wolken wäre das Azur nicht auszuhalten. Ihr mittägliches Weiß ist durchscheinend. Grau sind sie morgens, wenn sie der Sonne den Zutritt in die Welt zu verwehren scheinen.

Der Himmel über Tibet erleichtert das Meditieren ungemein. Doch was heißt überhaupt Meditation? Pause machen, betrachten, die großen Bewegungen der Natur im kleinen erfassen, sitzen, stehen, dem Zug der Wolken folgen, Wind und Regen ertragen.

Nur nebenbei: Wer traditionell meditieren möchte, muß mit einem kalten Sitzplatz rechnen und damit, daß er von den Einheimischen als kurzatmiger Exot, der sich absichtlich quält, belächelt wird. Muß ein Buddhist nach Tibet reisen? Oder genügt schon die Reise nach innen? Auch wenn der tibetische Ausdruck für Buddhist *nangpa* lautet, wobei *nang* »innen« und *pa* »jemand« heißt, also jemand mit Innenschau, sollte man unbedingt in das Ursprungsland des tibetischen Vajrayana-Buddhismus reisen. Aus eigener Erfahrung weiß ich: sinnliches Erleben verhindert viele Irrtümer.

Wenn im späten Juni die dreimonatige Regenzeit beginnt, dann zaubert der Regen einen Hauch von Lindgrün in die Täler, frißt Rinnen in das Fahrbett, überschwemmt die Senken, ätzt Schneisen, Krater und Schluchten in die Hänge und spült an Pässen und in Canyons die Piste weg. Er macht die Felsen schwarz, die Lehmhügel bedrohlich glänzend und die Kinder bunt; blau, grün und rot leuchten ihre Capes, in denen sie auf dem Weg zur Schule sind. Die Wohnhäuser aus ungebranntem Lehm saugen sich voll und glänzen fettig. In den Dörfern legt der Regen die Gelassenheit frei, die neben der Geschäftigkeit die Märkte beherrscht. Er erlaubt den Kindern, Eßstäbchen in der Straßenrinne abwärtsschwimmen zu lassen, er bewirkt, daß sich der Rauch nur matt über die Schornsteine erhebt und daß die Gebetswimpel schwer an den Schnüren hängen. Die feuchte

Patina paßt gut zur dunklen Hautfarbe der Tibeter. Ja der
Regen sorgt für eine Stimmung von so entwaffnender
Trägheit, wie man sie nur aus Indien kennt.

Seine Kraft zeigt sich besonders im äußersten Westen,
in Toling und Tsaparang. Dort ist die Erde aufgespalten,
durchzogen von Canyons und öden Schluchten aus
Lehm, aus denen die Wasser des Himmels Skulpturen,
Pagoden, Paläste herausgewaschen haben. Hier baut sich
ein Amphitheater von Weltrang auf mit Figuren, die an
Kardinäle in knöchellangen Gewändern und hochge-
türmten Mitren erinnern, und mit bizarren Gestalten
von fratzenhaftem Aussehen. Aus dem Theaterrund
scheint ein uraltes Reich zu erstehen, das versunkene
Königreich von Guge, dessen letzter Repräsentant 1743
im Exil in Ladakh verstarb. Als reichte dieses Schauspiel
nicht aus, erhebt sich über den Schluchten auch noch der
schneeweiße Himalaja. Das Spektakel ist jedoch nicht
kostenfrei. Jeder bezahlt seinen ganz persönlichen, Tibeter würden sagen, seinen »karmischen« Preis. Der Be-
schauer begegnet seinem inneren Kind und durchlebt
den ersten Lebensabschnitt in Tag- oder Nachtträumen.
Zu einem erhebenden Glücksgefühl gesellt sich ein ganzes Spektrum von Ängsten. Die größte aller Ängste ist
die Angst vor Atemnot und Herzversagen. Harmlos dagegen ist die Angst vor der Häßlichkeit, die jeden Europäer befällt.

Wer den Mut hat, bei der Morgentoilette in den
Handspiegel zu schauen, der erschrickt über das Ausmaß
seiner Tränensäcke. Zum Glück hat sich noch kein
Ödem um die Augen gebildet. Am besten gleich die
Brille aufsetzen, denn schon bricht die Sonne über den
Berg und schweißt sofort wie ein Laser. Zu spät, der Na-

— 39 —

senrücken schält sich bereits, und die Lippen sind schon am Aufplatzen. Jetzt hilft auch der Lipstick mit Faktor 30 nichts mehr. Emsiges Eincremen bringt Linderung, doch die Fingerkuppen werden dadurch nicht besser durchblutet. Die kalte Luft tut das ihre, die Haut reißt auf, verkrustet schwarz und heilt schlecht ab. Zwei Wochen sind verstrichen, und alle sehen aus wie nach einer Schlacht: verquollene Augen, geschwollene Fesseln, verbrannte Haut. Einige leiden unter Durchfall, andere unter Husten und Schnupfen, was das dauernde Schneuzen belegt. Wieder andere haben es mit der Blase, der das viele Trinken nicht mehr bekommt. Selbst nach zwei Wochen Landcruising in 5000 Meter Höhe ist es mit der Kurzatmigkeit noch nicht vorbei. Wir Europäer müssen einsehen, daß wir mit unseren spärlichen Pigmenten und unseren Lungen nur sehr bedingt für die Grenzerfahrung Tibet taugen. Da hilft auch der beste Wanderstab nichts. Und die Teleskopstöcke, die Reinhold Messner der Wanderwelt nahelegte, sind nicht ohne Tücken. Ihr »Klack-klack-klack« tötet jeden meditativen Schritt. Außerdem können sie einen Wanderer stolpern lassen, denn wer sich blind auf seine Stöcke verläßt, rutscht leicht weg! Hat er noch die Hand unglücklich in der Schlaufe, dann ist gleich ein Muskel gezerrt, ein Band gerissen oder ein Knochen gebrochen. Und es heißt: »Adieu Tibet.« Auch ohne Hilfsmittel sollte man in Tibet seine Balance finden.

Inzwischen haben sich die graubraunen Nebel gelichtet und die Hänge ihr warmes Ocker verloren. Sie haben sich hinter einem weißlichen Dunst verschanzt. Die Ebenen beleben sich mit trägen schwarzen und grauweißen Wesen. Es sind Yaks, zwischen denen *dzo*, ein Yak-Rind-

Mischling (*dzomo* nennen sie die Kuh), äsen. Mit ihren geschweiften Hörnern und ihren Stummelbeinen unter zotteligem Fell könnten sie nicht mehr Ruhe und Gelassenheit ausstrahlen. Sie scheinen die wahren Meditierer Tibets zu sein. Die scheuen Tiere folgen nur dem vertrauten Pfiff ihrer Treiber. Von Fremden lassen sie sich nicht beirren. Der *yakpa* läuft seinen Tieren hinterher, meist hält er sich, bepackt mit dem Benzinkocher, am Ende der Herde auf und dirigiert das Leittier mit Fingerpfiffen. Den Yak einen Grunzochsen zu nennen ist eine Beleidigung für dieses fähige und sensible Tier. Sein Fleisch als Delikatesse zu bezeichnen hingegen ein Kompliment. Was da hektisch zwischen *yakpa* und Yak hin und her rennt ist entweder ein Tibet-Mastiff, ein Lhasa-Apso oder ein Tibet-Terrier. Wie eine Erdlawine kommt eine Ziegenherde den Hang herab. Dicht an dicht bewegen sich die Tiere von Pflänzlein zu Pflänzlein, während das Hirtenkind die pausierenden Ausländer um eine Zigarette anbettelt. Startet der Fahrer seinen Landcruiser, dann verwandeln sich die vierbeinigen Wesen – außer die Hunde – in Tibets größte Hektiker.

Eine Ebene öffnet sich und plötzlich belagert ein Wirrwarr aus braunen und weißen Lehmwürfeln einen Fluß, der sich zwischen Felsbarrieren staut. Die Schotterhänge oberhalb des Dorfes Toling im westlichen Grenzgebiet ähneln zerknüllten Bögen von Sandpapier, aus dessen Faltenwurf schwarze Felsen emporragen wie die Zacken einer alten Säge. Am Ende der Dorfstraße türmt sich honigfarbener Sand zu Dünen. Der Gegenwind verwirbelt ihn zu einem lästigen Puder, der in alle Ritzen, auch in die Kamera dringt, die Schleimhäute austrocknet und zwischen den Zähnen knirscht.

Das Garnisonsdorf Toling liegt an einer staubigen Straße mit zwei Krämerläden, von wo aus man für wenig Geld nach Lhasa telefonieren kann. Wenn die Sonne sinkt, kommen die Müßiggänger aus ihren verklinkerten Häusern. Es sind chinesische Soldaten ohne Mützen und Waffen. Ziellos und rauchend laufen sie auf der rechten Seite der Dorfstraße auf und ab. Die linke Seite gehört den Tibetern, die nicht weniger teilnahmslos dreinschauen. Zwischen ihnen zuckelt eine alte Frau dahin, die im Gehen Wolle spinnt. Eine Arbeit, die sonst Männer erledigen. Beide Seiten belauern sich stumm und hoffen, daß endlich mal etwas passiert.

Auch anderswo, in Purang, Dzongka oder Saga, herrscht diese High-noon-Stimmung. Aus der Totale wirkt alles ungemein schläfrig, doch beim Näherkommen spürt man sofort, daß etwas in der Luft liegt. Plötzlich Krachen, Knallen und Gejohle und wieder trockene Explosionen von Chinakrachern. Die Soldaten zucken zusammen, die Tibeter verdrehen die Köpfe. Es ist kaum zu fassen, mit glückverheißendem Lärm wird ein neues Restaurant eingeweiht. Die Allerleisuppe ist heute gratis, die Gemüse- und Fleischplatten kosten im Schnitt fünf Mark. Den Sorghumschnaps bringen die Gäste aus dem benachbarten Laden mit, und das Lhasa Beer und die Cola gibt es kalt aus dem Kühlschrank. Schon bald ist das neueröffnete Sichuan-Restaurant überfüllt – auch die Kabinette hinter den Resopalwänden. Einige Soldaten sind sicher nur wegen der properen Bedienung im Minirock gekommen.

Aus einem zweiten Restaurant, über dem in chinesischer Neonschrift »Zum Chinesen« steht, holpert auf Stöckelabsätzen die tibetische Magd. Über den Schultern trägt sie an einer Stange überschwappende Blecheimer mit dem Abfall für die Schweine. Daß zerbrochene, splittrige Eßstäbchen in den Abfällen schwimmen, schert sie nicht. Geschlachtet werden die verletzten Schweine eh in nächster Zeit. Die Magd kommt an einem beklekkerten Handwerker vorbei, der eine Hausfassade streicht. Im Staub der Straße steht ein Billardtisch, und langsam, wie im Traum, wechselt ein Tibeter die Seiten. Das rote Nylonmützchen des Babys, das er behutsam in der Armbeuge trägt, leuchtet grell in der fahlen Sonne.

Toling und all die anderen Dörfer im Westen bestehen aus einstöckigen nackten oder weißgetünchten Lehmhäusern mit einem Flachdach aus Balken, Ästen und gestampftem Lehm, auf dem das Brennmaterial für den Winter gehortet wird – getrockneter Yak-Dung und Reisig. Zur Abwehr böser Geister hängt ein Gehörn über dem Eingang. Damit Wind und Wetter, vor allem Hagel, kein Unheil anrichten mögen, haben die Bewohner ein Hakenkreuz oder Sonne und Mond, Symbol der Vereinigung der Gegensätze, auf die Eingangstür gepinselt. Das rechtsgedrehte Hakenkreuz symbolisiert Glück und Heil und ein aufgemalter Skorpion soll vor negativen Einflüssen schützen. Wohnen Anhänger der Bön-Religion hinter der Tür, dann ist das für uns provokante Swastika-Zeichen linksgedreht.

Die neue Generation chinesischer Bauten ist weiß geklinkert. Ihre phantasievollen Rundungen und die türkisblauen Spiegelfenster, die spätestens nach einem Jahr zerbrochen in den Metallrahmen ächzen, erinnern an die Kommandobrücke eines Dampfers. Am traurigsten stehen die Krankenhäuser in der Landschaft. Mit einem abblätternden Roten Kreuz über der ausgeschlagenen

Pforte wirken sie so armselig wie die nackten Glühbirnen in den staatlichen Gästehäusern. Zwischen den Flachbauten springt einen überall die Verwahrlosung an.

Erschreckend viele der chinesischen Neubauten sind nur über eine Müllhalde oder über ein mit rostigem Stacheldraht eingezäuntes Feld zu erreichen. Tagaus, tagein verschleudert eine Elektropumpe wertvolles Grundwasser über einen Platz, wo zertretene Gummisohlen, zerbrochene Bierflaschen, zerfetzte Kleider- und Essensreste, altes Holz und Unmengen Plastikmüll herumliegen. Der Müll hat sich über die Jahre zu einem kniehohen Damm geformt. Einen Steinwurf weiter auf der Dorfstraße sieht es aus, als hätte die Müllabfuhr gestreikt; nein, als hätte sie ihre Pflicht fein säuberlich ins Gegenteil verkehrt. Hoch über der Dorfstraße, aber auch kreuz und quer schaukeln statt Gebetsfahnen Stromleitungen. Der Wind lärmt über den Wellblechdächern der Chinesensiedlung und versucht, die Brennholzbündel von den Flachdächern der tibetischen Häuser zu zerren.

Das Hundegebell der letzten Nacht ist verstummt, dafür grölen im Restaurant Männer hinter den Resopalwänden der Kabinette. Während einer der Schnapsteufel herausschwankt, um sich im nahen Laden mit neuem Schnaps einzudecken, brüllen seine Kumpane um die Wette: »Schere schneidet Papier, Stein macht Schere stumpf ...«

Pausenlos schenken zwei tibetische Mädchen Jasmintee nach, der chinesische Koch streckt nur einmal sein schweißglänzendes Gesicht aus dem Küchenverschlag, dessen Eingang ein schmuddeliger Glücksschal bekränzt. Die Betrunkenen in diesem Lokal sind leicht auszumachen: an ihren hochroten flachen Gesichtern und an ihren olivgrünen Uniformen, die ein festes Gehalt und eine solide Tibet-Zulage garantieren. So können sie trinken und ihr Heimweh ertränken. Auch die Tibeter trinken gerne harte Sachen, doch sie bekommen keine Tibet-Zulage, das sieht man bereits an ihrer Kleidung: abgerissene Hosen mit Aufschlag, gestreifte, an den Ärmeln geflickte Jacken. Viele der jüngeren Männer tragen rote Red-Bull-Kappen, während die jungen Frauen ihr volles Haar unter Hüten mit durchbrochenem Rand vor der Sonne schützen. Welch ein Gegensatz zwischen dem in High-Tech-Goretex gekleideten Touristen und den zerlumpten chinesischen Turnschuhen, den handgestrickten Wollpullovern, den abgewetzten Baseball-Kappen und den ausgebleichten Anoraks der Einheimischen!

In den beiden Kaufläden ist das Angebot viel attraktiver als in den tibetischen Läden weiter unten am Hang. Hinter halbgeöffneten Holzverschlägen bieten Sichuaner Händler vieles feil: drei importierte Bananen für zehn Yuan, die Flasche Lhasa Beer für 4,5 Yuan, die Dose Sprite für drei und die Cola für fünf Yuan (5 Yuan entsprechen einer deutschen Mark). Diese Preise sind begrenzt verhandelbar. Aufgepaßt! heißt es beim Wechselgeld. So mancher chinesische Krämer zeigt sich überrascht, wenn man seine Betrügereien beim Herausgeben entdeckt und Geld nachfordert. Dann grinst er und fragt dreist, ob man für das fehlende Wechselgeld nicht noch eine weitere Cola möchte? Zugegeben, das chinesische Warenangebot – vom Bonbon *white rabit* bis zum Mountainbike *Phönix* – könnte nicht reichhaltiger sein. Aber billiger! Und weniger zweitklassig! Wer via Chengdu nach Lhasa eingereist ist, entdeckt die Minderwertigkeit der Produktpalette im zurückgebliebenen Teil des Riesenlandes.

Nicht die Soldaten der Volksbefreiungsarmee (VBA) er-
obern heute Tibet, sondern die chinesischen Händler, die
dem tibetischen Mütterchen gerne den ungezügelten
Konsum als geistige Freiheit aufschwatzen wollen. Doch
da das tibetische Mütterchen zu arm ist, wenden sich die
Scharlatane der empfänglichen Jugend zu. Ihre Konsu-
menten sind nicht die zerlumpten, barfüßigen Dorfju-
gendlichen, sondern die Kinder der Tibeter, die in staatlichen Stellen arbeiten und besser verdienen. Diese Leute
leben in chinesischen Betonbaracken, genießen Lhasa-
TV und verwandeln ihre kleinen Wohnungen in Oasen,
indem sie Topfpflanze neben Topfpflanze ins Fenster stellen. Daß sie Tibeter sind, streiten sie nicht ab, selbstbewußt hängen sie in die Türrahmen ihrer Wohnungen
weiße Sichtvorhänge mit den acht buddhistischen Glückssymbolen oder dem buddhistischen Unendlichkeitskno-
ten in Blau. Um ihr gehegtes Immergrün sind diese pri-
vilegierten Tibeter zu beneiden, doch zu bedauern sind sie
wegen der Dauerbeschallung mit parteikonformer Pro-
paganda, Musik und Operettenklamauk, vergleichbar
dem Lärmterror in der Kulturrevolution.

Über den Bergwällen hinter den Gerstenfeldern wölbt
sich zum Greifen nahe ein Himmel, der alles Zarte schon
in aller Frühe verliert, so gegen sieben Uhr, was neun
Uhr *Beijing time* entspricht. Pekinger Zeit! Wie absurd!
Das Zeitmaß der viel östlicher gelegenen chinesischen
Hauptstadt erhält in Tibet etwas Willkürliches.

Wenn sich die Sonne über die schwarze Silhouette er-
gießt, beginnen die Hänge zu atmen. Die Schatten der
Nacht ziehen sich in die Mulden der Grate zurück, bis sie
bald darauf verschwinden. Auch die Kälte stiehlt sich davon, und die nächtlichen Kleiderschichten können für

den Tag weggepackt werden. Die Sonne wird schnell fahl und stechend. Gegen Mittag (zwischen 14 und 15 Uhr *Beijing time*) spürt man verstärkt den Wind, der das Milchige vom Himmel streicht. Zügig ergießen sich Schleierwölkchen in ein Blau, das sich mit dem Blau der Südsee messen kann.

Längst haben wir das Dorf Toling verlassen und nähern uns einer Baracke, die sich als chinesischer Checkpoint entpuppt. Unter einem roten, ausgefransten Fähnlein steht sie erstarrt in der Mittagshitze. Von den Uniformierten steht keiner stramm, alle dösen hinter Kartons von Lhasa Beer und gesprungenen Scheiben. Der Wandputz in der Baracke blüht wie ein Schwamm, der sich zu jeder Regenzeit vollsaugt. Den Winter über darf er trocknen, um im nächsten Sommer wieder naß zu werden. Den Ausländern bringen die Uniformierten Neugier und einen gewissen Respekt entgegen, aber zu spaßen ist mit ihnen nicht. Hinter Mauern, von denen kalligraphische Lettern weithin sichtbar künden »Dem Volke dienen«, hat das Volk nichts verloren, schon gar nichts zu vermelden. Hier und in den vielen anderen Garnisonen vertreiben sich rund 300 000 chinesische Soldaten die Zeit mit Körperertüchtigung, Exerzieren, Kochen, Lesen, Rauchen, Trinken, beim Kartenspiel, Würfeln und Mahjong und schierem Nichtstun.

Vor der Baracke läßt Taschi, der tibetische Guide, den Motor absterben. Der Toyota-Landcruiser rollt vor die verbogene rot-weiße Schranke. Er stemmt sich heraus und bietet dem rauchenden Soldaten eine Zigarette an. Der Gedanke an das Friedenspfeifchen ist gar nicht so abwegig, sehen die Tibeter doch wie Indianer aus. Eine halbe Stunde später trifft auch unser lindgrüner Truck vor der Schranke ein. Wie ein unermüdlicher Käfer mit rundem Rücken ist er die Piste entlanggekeucht. Bergab rollt der Truck der chinesischen Marke *Dongfeng* von allein, denn der Fahrer weiß, daß Diesel kostbarer als Brandy ist, und wählt den Leerlauf. Der Motor tut einen tiefen Seufzer und erstirbt. Achselzuckend steigt der Fahrer aus seinem Führerhaus, über dem die buddhistischen Glückssymbole, Wunschjuwel, Swastika, Muschelhorn und Rad der Lehre an einem Bogengitter prangen. Mit Schwung wirft er die Fahrertür zu, und der Staub fällt von den Glücksschals, die um die Rückspiegel gewickelt sind. Er kennt seinen Truck, schon oft ist er neben der Wellblechpiste liegengeblieben. Zuviel Rüttelei, zuviel Staub. Der Staub macht alle Autos mürbe. Abgesehen davon, ist ein *Dongfeng* kein *Benz*. Die Qualität des Gefährts *made in China* ist, chinesisch gesagt: *mama-hu-hu*. Grinsend vor Schadenfreude schnappen die Tibeter, von denen die meisten Chinesisch sprechen, den Begriff auf und geben dem Dongfeng den Namen *Mama-hu-hu,* was soviel bedeutet wie »so lala«.

On the road gibt es nur einen Helden, den Truckfahrer. Er thront hinter einem Lenkrad, das dem Steuerruder eines Hochseedampfers gleicht. Und über seinen abgewetzten Thron spannt sich ein Baldachin mit Blümchenstickerei. Das Armaturenbrett endet an einer Bordüre, gespickt mit Gebetsschleifen und Bildern von Panchen Lama, grüner *Tara* und *Guru Rinpoche*. Wie das Führerhaus ist auch das Hinterteil des Trucks gestaltet: Die wind- und sonnengegerbte Plane über der Pritsche gleicht einem Verhüllungsobjekt à la Christo. An harte Zeiten erinnern die Schneeketten an der Hinterachse, die auch den Sommer über mitgeführt werden. Der

Dongfeng ist ein Maulesel der Neuzeit, der sein Fressen aus Mangel an Tankstellen immer mitschleppen muß, und trotzdem noch jede Menge Platz für die Petroleumfässer, die Zelte, die Kochtöpfe, das Trinkwasser und den Proviant bietet. Endlich kann nach ausgedehnter Zigarettenpause und einem Schwatz die Kontrolle all dieser lebenswichtigen Güter beginnen.

Allmächtiger weiter Ozean

Vor 4000 Jahren trieben Nomaden ihre Schafherden zu den Sommerweiden in die Hochtäler des nördlichen Himalaja hinauf. Aus allen Himmelsrichtungen kamen sie, in alle Himmelsrichtungen zerstreuten sie sich vor Wintereinbruch wieder. Doch eines schönen Jahres blieben einige und siedelten sich hier an. Diese Nomaden nannten sich Chiang. Sie gelten als die Urväter in der tibetischen Geschichte. Aber die Urväter machten sich nicht durch ihre Viehzucht einen Namen, sondern durch ihre Kriegskunst und ihren Kampfesmut. In Resten von Fellzelten fanden Archäologen bedrohliche Waffen und als Blasinstrument bearbeitete Muschelhörner, mit denen die Chiang die Felsgipfel- und Talgeister sowie die Schwarzsee- und Kindraub-Dämonen bannten. Die Muschelhörner erklangen, wenn den Göttern Menschenopfer dargebracht wurden.

Die Siedlungen der Chiang lagen im Yarlung-Tal, knapp 400 Kilometer südöstlich vom heutigen Lhasa entfernt in 3500 Meter Höhe. Über viele Jahrhunderte breiteten sie sich aus und besiedelten das heutige Zentraltibet. Ihre Kriegskunst, ihr Männlichkeitskult und ihr Machthunger ließen sie schließlich über die anderen Nomadenstämme siegen. Bis ins 6. Jahrhundert unserer Zeitrechnung hinein hatten sich die Chiang derart selbstbewußt fortgepflanzt, daß aus den ursprünglichen vier Stämmen, den »Vier Großen Familien«, wie sie sich nannten, schließlich vierzig unabhängige Königreiche entstanden.

Halten wir fest: Bis ins 6. Jahrhundert hinein fehlte eine Zentralgewalt, Tibet war in Königreiche unterteilt. Diese Reiche wurden mit der Zeit so mächtig, daß die Herrscher im Unterland aufhorchten: im Osten die chinesischen Kaiser der Tang-Dynastie (618–906), im Süden die Könige Indiens, im Westen die Persiens und im Norden König Gesar.

Im weiteren Geschichtsverlauf war die Vereinigung der Königreiche zu einem Großreich das vorrangige Ziel. Der 32. König des Yarlung-Tales, Namri Songtsen, widmete sich zu Beginn des 7. Jahrhunderts als erster weitblickender Herrscher dieser Aufgabe. Doch erst sein Sohn, der 619 geborene Songtsen Gampo, setzte den Plan des Vaters in die Tat um. Bis heute überragt Songtsen Gampo alle Könige Tibets, denn ihm gelang die Vereinigung der Königreiche des Schneelandes zu dem Riesenreich Tubo. Das Reich Tubo erstreckte sich im Süden über den Himalaja bis ins Ganges-Delta und nach Oberbirma hinein. Es umfaßte Brusha (heute Gilgit), Ladakh und das heutige Nepal. Im Westen reichte es bis Samarkand in Turkestan, im Norden bis zur Seidenstraße und im Osten bis knapp an die chinesische Hauptstadt Chang'an heran.

Songtsen Gampo ging in die Annalen als der erste Lhasa-König ein, denn er verlegte seinen Regierungssitz aus dem Yarlung-Tal ins Lhasa-Tal, wo er auf dem roten Berg Marpori die Fundamente des dreizehnstöckigen Potala errichten ließ. Seine Großmachtpolitik verfolgte

Songtsen Gampo nicht nur auf dem Schlachtfeld, sondern er brachte auch seine Manneskraft ins Spiel. Er heiratete die nepalesische Prinzessin Bhrikuti und die chinesische Prinzessin Wencheng.

Prinzessin Wencheng erlangte größere Berühmtheit als Prinzessin Bhrikuti, denn Wencheng war die Tochter des mächtigen Taizong-Kaisers, der von 627 bis 650 das angrenzende chinesische Reich regierte. Ohne auf die Umstände näher einzugehen, führen chinesische Historiker die Heirat heute noch als Beleg für die engen chinesisch-tibetischen Beziehungen an. Tatsächlich aber ging es um eine Zwangsheirat. Der Vater der Braut, der chinesische Taizong-Kaiser, stand unter größter Bedrängnis, als er seine Einwilligung zur Heirat gab, denn eine 200 000 Mann starke tibetische Armee bedrohte die Mauern seiner Reichshauptstadt Chang'an.

Die Braut, eine gläubige Buddhistin, machte aus der Not eine Tugend und brachte eine Statue des Jobo-Buddha nach Lhasa mit. Diese prunkvolle, noch heute im heiligsten aller Tempel, im Yokhang, aufbewahrte Statue soll ein Porträt des historischen Buddha Siddhartha Gautama darstellen, das noch zu dessen Lebzeiten (566 [?] 563 – 486 [?] 483 v. Chr.) gefertigt wurde. Das fromme Geschenk beweist, daß die ersten buddhistischen Einflüsse nicht aus Indien, sondern aus China nach Tibet kamen. Wichtig ist zu wissen: Im chinesischen Tang-Reich war der Buddhismus Staatsreligion.

Mit Prinzessin Wencheng kamen in Lhasa chinesische Sitten in Mode. Der tibetische Adel fand Gefallen an Seide und Jade und erlernte den Gebrauch von Eßstäbchen. Prinzessin Wencheng sorgte für Harmonie zwischen den Reichen Tubo und Tang.

Die Harmonie litt nach dem Tod des Gatten. Im Jahr 662 – der König der Könige, war seit dreizehn Jahren tot – vereinten sich die Tibeter unter Songtsen Gampos Sohn mit den Turkvölkern gegen das chinesische Reich der Mitte. Unmäßig gewachsen, kontrollierte das Tubo-Reich inzwischen sogar die Landstriche nördlich der Seidenstraße von Kashgar bis in die mongolische Wüste Gobi hinein. Tubo war inzwischen größer und mächtiger als China. Im Osten – im heutigen Gansu, Sichuan und der Provinz Yünnan – grenzte das tibetische Reich an ein schwaches, tributpflichtiges China. Als der chinesische Kaiser seinen Tribut von jährlich 50 000 Ballen Seide und Tausenden von Hengsten und Stuten (für die Pferdenarren in Lhasa) nicht mehr bezahlen konnte, besetzte der tibetische General Tagdra Lugong im Jahre 763 die Kaiserstadt Chang'an. Erst als sich die Chinesen mit dem Kalifen der Abbasiden verbündeten, wurde die tibetische Großmachtpolitik in Zentralasien gestoppt. Im Jahre 822 kam ein Friedensvertrag mit China zustande, wodurch dem tibetischen König Rälpacen ein Staatsgebiet von Ost-Turkestan bis West-Sichuan zugesichert wurde.

Da sich das tibetische Großreich bis an die Grenzen des buddhistischen Chinas und bis nach Indien, dem Geburtsland des Buddhismus, erstreckte, gewann die buddhistische Lehre auch in Tibet an Popularität. Im frühen 9. Jahrhundert erhob König Rälpacen sie zur Staatsdoktrin und führte das Klosterwesen als staatstragendes Element ein. Während seiner 19jährigen Herrschaft (817–836) erfuhren die buddhistischen Geistlichen eine derartige Privilegierung, daß Anhänger des alten Schamanismus *Bön* (»murmeln«, »herbeirufen«) den König im Schlaf ermordeten.

— 53 —

Das wiederkehrende tibetische Drama – interne Querelen, Eifersüchteleien, Mißgunst und Spaltertum – nimmt seinen Lauf. Der Bruder des ermordeten Königs, Langdarma (»Jugendlicher Ochse«), wird inthronisiert und hat nichts Besseres zu tun, als eine grausame Buddhistenverfolgung zu initiieren. Er läßt den Eingang des heiligen Yokhang vermauern und viele Tempel und Klöster zerstören. Nach sechs Jahren Schreckensherrschaft wird auch König Langdarma ermordet. In den folgenden 150 Jahren blutiger Machtkämpfe und kriegerischer Auseinandersetzungen zerfällt das tibetische Riesenreich wieder in viele Königreiche.

Um die Jahrtausendwende brach endlich wieder eine friedliche Epoche an. Mönche pilgerten über den Himalaja nach Kashmir und Bihar, um die kulturelle Isolation Tibets zu überwinden. Und tatsächlich gelang der Neuanfang durch eine friedliche und spirituell geprägte Begegnung mit den Nachbarn. Ab dem 11. Jahrhundert wurden viele neue Tempel gebaut und junge Männer traten in neugegründete Klöster ein.

In Asien hatte sich inzwischen das Blatt gewendet, im Norden erstarkten die Mongolen. Ihre Reiterheere drangen 1240 bis nach Zentraltibet vor. Die untereinander zerstrittenen tibetischen Fürstentümer hatten der fremdländischen Übermacht nichts entgegenzusetzen und verharrten unter der neuen Zentralmacht in Passivität. Dasselbe taten übrigens auch die Chinesen, so daß sich die Mongolen in China festsetzten und das Reich der Mitte von Khanbaliq (dem heutigen Peking) aus regieren konnten.

Die Mongolen, dem Buddhismus zugeneigt, handelten klug und einfühlsam. Im Jahr 1244 beriefen sie den buddhistischen Gelehrten Sakya Pandita (den »Gelehrten von Sakya«) zum Verwalter Tibets. Unter Sakya Panditas Obhut konsolidierte sich das zersplitterte Staatsgefüge langsam wieder, und mit den Jahren kam es zu einem lebhaften Austausch zwischen tibetischem und mongolischem Gedankengut. Die neuen Herrscher fanden solchen Gefallen am tibetischen Buddhismus, daß sie den Neffen von Sakya Pandita 1270 zum Reichslehrer an den Hof des Kubilai Khan nach Nordchina beriefen. Unter Einfluß dieses buddhistischen Gelehrten wurde der Enkel Tschingis Khans zum Buddhisten. Kubilai Khan überantwortete dem hohen tibetischen Lama (»Höherstehender«) die gesamte klerikale und profane Verwaltung Tibets. Auf diese Weise entstand erstmals ein Lehensverhältnis zwischen Tibet und dem mongolischen Yuan-Reich in China. Für die Dauer der Yuan-Dynastie, von 1271 bis 1368, erhielten die hohen Gelehrten des Ordens der *Sakyapa* einen so großen Einfluß in China, daß sie die Millionen chinesischen Buddhisten kontrollieren konnten.

Sakyapa ist bis heute der Name eines Ordens oder einer Schule des tibetischen Buddhismus, die nach dem im Jahr 1073 gegründeten Kloster Sakya (»Graue Erde«) benannt ist. Im 13. und 14. Jahrhundert nahmen die Klosteräbte und Lamas der Sakyapa großen Einfluß auf das geistliche, geistige und weltliche Geschehen in Tibet und eben auch in China. Die spirituelle Besonderheit der Sakyapa-Schule ist, daß sie sich intensiv mit der buddhistischen Logik beschäftigt.

Neben der Schule der Sakyapa existiert bis in die Gegenwart die Schule der *Nyingmapa*. »Die Schule der Alten« sieht im Inder Padmasambhava (»Der aus dem Lotos Geborene«) ihren Meister, sie verehrt ihn als »zweiten

Buddha«. Der indische Magier Padmasambhava, der um 765 lebte, genießt bis heute einen überragenden Ruf als Begründer des tibetischen Buddhismus, denn er zähmte die zornigen schamanistischen Bön-Gottheiten und gliederte diese in das buddhistische Pantheon ein. Die Tibeter verehren Padmasambhava unter dem Namen *Guru Rinpoche* (»Kostbarer Lehrer«) und werfen sich vor seinem Abbild im Yokhang auf die Knie. Die Besonderheit der Nyingmapa-Schule ist die Konzentration auf eine besonders ausgeprägte Meditation als Pfad zur Erleuchtung.

Die dritte Schule oder auch Linie des tibetischen Buddhismus trägt den Namen *Karma-Kagyüpa* (»Die das Wort überliefern«) oder kurz *Kagyüpa*. Sie ist nach einer Schwarzen Krone benannt, die aus den Haaren von engelsgleichen Dakini gefertigt sein und die heilende Aktivität (*Karma*) aller Buddhas symbolisieren soll. Diese Krone wird heute im Exilkloster Rumtek im indischen Sikkim aufbewahrt. Das Oberhaupt der Kagyüpa, der *Karmapa* (»Mann der Buddha-Aktivität«), wird als Lebender Buddha verehrt. Die Schule der Kagyüpa geht auf den indischen Mystiker Tilopa zurück. Sie entwickelte die Reinkarnationslehre, die erstmals im Jahr 1193 formuliert wurde.

Die vierte Schule, die Schule der *Gelugpa*, wurde im Westen als Gelbmützen-Schule bekannt. Ihr Charakteristikum ist die Erörterung philosophischer Sachverhalte in Disputationen. Heute sind die Gelugpa die bedeutendsten Vertreter des tibetischen Buddhismus, zumal der Dalai Lama aus ihren Reihen stammt. Und das kam so.

Im Jahr 1357 wurde Tibets zweite Berühmtheit – neben König Songtsen Gampo – im Dorf Tsongkha, dem

heutigen Kumbum, in der »Zwiebelregion« Amdo geboren. Seine Eltern gaben dem Knaben den heimatverbun-
denen Namen Tsongkhapa, »Der aus dem Zwiebeltal
Stammende«. Tsongkhapa erlangte Berühmtheit, weil er
in Tibet wie ein Martin Luther wirkte. Von hohem moralischen und geistlichen Anspruch getrieben, nahm er
den Kampf gegen den sittlichen Verfall in den Rotmüt-
zen-Klöstern der alteingesessenen Sakyapa und Nyingmapa auf. So forderte er, daß die Äbte, Mönche und Novizen aller Klöster wieder ihr Keuschheitsgelübde ernst
nehmen und ein moralisch einwandfreies Leben führen
sollten. Da sich die Sakyapa gegen seine Reformvor-
schläge sperrten, gründete er den Orden der Gelugpa, die
»Schule der Tugend«, und führte zur Unterscheidung von
seinen Gegnern gelbe Mützen ein. Mit der Zeit nannte
das Volk seinen Orden die »Gelbmützen-Schule«. Ihre
herausragende Macht erreichten die Gelugpa, weil sie die
Mongolen, die bekanntlich die Macht über China und
Tibet innehatten, um Unterstützung angingen.

Der Gelugpa-Gelehrte Sonam Gyatso erhielt von dem
mongolischen Herrscher Altan Khan (1507–1582) das
mongolische Prädikat »Höherstehender, (dessen Weisheit
so groß ist wie) der Ozean« – *Dalai Lama*. Wohlgemerkt,
diesen Ehrentitel erhielt der Gelugpa-Gelehrte nicht für
seine geistlichen Verdienste, sondern weil dank seiner
Vermittlung die tibetischen Fürstentümer ihre Zurück-
haltung aufgegeben, ihre Zwistigkeiten bereinigt und
ihre Zusammenlegung unter mongolischer Souveränität
anerkannt hatten.

Nach dem Zusammenbruch der mongolischen Yuan-
Dynastie im Jahr 1368 nahm der geistliche und weltliche
Einfluß der Gelugpa in Tibet weiter zu. Bis ins 17. Jahr-

hundert hinein formierte sich unter ihrem Einfluß eine klerikale Macht, die im Westen unter dem Begriff lama-istische Theokratie bekannt wurde und Tibet das Etikett Kirchenstaat einbrachte. Was verbirgt sich hinter diesen Schlagworten?

Im »Freudvollen Palast« der Klosterstadt Drepung, nur wenige Kilometer von Lhasa entfernt, wurde erstmals der V. Dalai Lama im Jahr 1642 zum geistlichen *und* welt-lichen Oberhaupt Tibets ernannt. Und zwar nicht von ti-betischen Adligen oder Lamas, sondern von einem aus-ländischen Herrscher, einem Khoshoten namens Gushri Khan (1636–1656). Tibet stand zu Beginn des 17. Jahr-hunderts wieder einmal unter Fremdherrschaft.

Jener V. Dalai Lama mit dem Geburtsnamen Ngawang Lozang Gyatso stammte aus einer Nyingmapa-Familie. Er verstand sich auf Politik und avancierte zu einem der größten Staatsmänner Tibets. Neben dem XIII. (1876–1933) gilt er als der bedeutendste aller Dalai Lamas. Steinernes Sinnbild seiner Macht ist der Potala, den er als Architekt plante und zwischen 1644 und 1692 erbauen ließ.

Wie gesagt, im 17. Jahrhundert bildete sich endgültig die Theokratie des Lamaismus heraus. Das Volk und die geistliche Elite hatten das Säbelrasseln und das Kämpfen satt. Anstatt ihn zur Armee zu schicken, überantwortete ein Vater fortan seinen zweit- oder drittgeborenen Sohn als »Mönchssteuer« einem Kloster der vier Schulen der Sakyapa, Nyingmapa, Gelugpa oder Kagyüpa.

Bis zur Flucht vor den chinesischen Kommunisten im Jahr 1949 sollte nun der Dalai Lama als geistliches und weltliches Oberhaupt an der Spitze des Staatsgefüges ste-hen (war er noch minderjährig, stellte ihm die National-

versammlung einen Regenten zur Seite). Die Ausländer
nannten den auf Lebenszeit die Geschicke seines Landes
lenkenden Herrscher Gottkönig. Als höchster Lebender
Buddha wurde er als die Wiedergeburt des transzendenten Erleuchtungswesens Avalokiteshvara (tib.*Chenresig*)
verehrt, das zum Wohle aller Wesen im samsarischen
Kreislauf von Geburt-Tod-Wiedergeburt verweilt. Diese
»Linie« der Abstammung gilt bis heute. So wird der der-
zeitige XIV. Dalai Lama, der 1935 unter dem Namen
Tenzin Gyatso geboren wurde, als die 14. irdische Wiedergeburt jenes mitfühlenden Erleuchtungswesens Avalokiteshvara verehrt.

Kehren wir zurück zum V. Dalai Lama. Er lebte von
1617 bis 1682. Eine seiner Großtaten bestand darin, daß
er seinen Lehrer und spirituellen Meister, den Abt des
großen Klosters Tashilhünpo von Shigatse, zu seinem
Stellvertreter ernannte und ihn mit dem Titel *Panchen
Lama* (»Lehrer, der ein großer Gelehrter ist«) ehrte. Da
alle vier Schulen des tibetischen Buddhismus den Dalai
Lama als Emanation von Avalokiteshvara ansahen, erklärte der V. Dalai Lama seinen Meister als die Wiedergeburt des Buddha Amitabha. Mit dieser Linien-Bestim-
mung ordnete sich der V. Dalai Lama als Schüler bewußt
seinem Meister unter, denn Avalokiteshvara gilt »nur« als
ein Aspekt des Buddha Amitabha.

Der Panchen Lama, von dem es bis heute elf Wieder-
geburten gibt, hatte ursprünglich keinerlei politische
Aufgaben (vom I. bis zum IV. Panchen wurde der Titel
postum verliehen). Informell wirkte er als der geistliche
Stellvertreter des Dalai Lama, denn traditionell lebte er in
Shigatse, rund 230 Kilometer südlich der Hauptstadt
Lhasa.

Die Stellung des Panchen Lama wurde aufgewertet, als im Jahr 1713 der Kaiser von China dem V. Panchen Lama den Titel *Panchen Erdini* verlieh. Seit jener Zeit stärken die Chinesen die Macht des Panchen Lama und versuchen ihn gegen den Dalai Lama auszuspielen. So kam es, daß ab 1959 – nach der Flucht des XIV. Dalai Lama nach Indien – der Panchen Lama auch politische Ämter übernahm. Der X. Panchen Lama versuchte zeitlebens zwischen seinen Landsleuten und den chinesischen Kommunisten zu vermitteln. Vor seinem Tod im Jahr 1989 gründete er den bedeutenden Tibet Development Fund (TDF) zum Wiederaufbau zerstörter Klöster.

Die überragende Position des Gottkönigs ist nun hinreichend bekannt, wenden wir unser Augenmerk dem Staatsgebäude unter seinen Fittichen zu. Ab dem 17. Jahrhundert wurden alle Regierungsämter und Körperschaften mit einem mönchischen und einem Zivilbeamten, also zweifach, besetzt. Unter dem allmächtigen Dalai Lama stand ein Kirchenrat. Diese oberste klerikale Körperschaft setzte sich aus Großsekretären zusammen, denen die Exekutivorgane Amt des Klosterrates, Kirchliches Schatzamt und Amt zur Schulung von Mönchsbeamten unterstanden, sowie den Äbten der drei Staatsklöster von Ganden, Sera und Drepung. Die drei Klosterstädte mit bis zu 10000 Mönchen waren dem Dalai Lama unmittelbar unterstellt. Zwischen dem Kirchenrat und dem Dalai Lama vermittelte der Oberstkämmerer, der als Oberhaupt sämtlicher Mönche und Klöster Tibets mit Ausnahme der drei Staatsklöster fungierte. Der Kirchenrat beaufsichtigte die Klöster, schlichtete Konflikte zwischen den vier Schulen und genehmigte die Gründung neuer Klöster und die Restauration alter. Er sorgte für eine gerechte Verteilung der staatlichen Finanzmittel an die einzelnen Klostergemeinschaften. Unter seiner Schirmherrschaft konnten sich allerorts geistliche Zentren entwickeln. Die Klöster waren autark, da sich ihre Versorgung auf die feudale Leibeigenschaft stützte. So durften Äbte Arbeitskräfte als klösterliche Leibeigene annehmen, wenn die Fronbauern der Umgebung keine ausreichenden Erträge auf den verpachteten Klostergütern einbrachten.

Neben dem Kirchenrat gab es weltliche Staatsorgane, die wir einmal Körperschaften der Regierung nennen wollen. Die Vertreter dieser Körperschaften (175 Mönchsbeamte und genauso viele Zivilbeamte) gehörten sechs verschiedenen Rängen an. Während die Mönchsbeamten in der Regierung vom Kirchenrat bestellt waren, wurden die Laienbeamten von der Regierung eingesetzt. Somit überwachten Mönche und Zivilisten der Zentralregierung gemeinsam die örtlichen Verwaltungsbeamten.

In diesem recht komplizierten, streng hierarchischen Staatsgebäude gab es an der Spitze – selbstverständlich dem Dalai Lama untergeordnet – mehrere Staatsminister, einen Staatsrat mit Staatssekretären, eine Nationalversammlung und eine Exekutive. Staatstragende Entscheidungen wie Finanzhaushalt, Enteignung, Außenpolitik und Gesetzesreformen mußten die Staatsminister dem Dalai Lama vorlegen. Nach Beratungen mit ihnen entschied er allein – sein Votum war unumstößlich. Die Staatsminister, meist Angehörige des Hochadels, bekleideten den zweiten Rang und dienten dem Gottkönig als unmittelbar Untergebene. Ihre Macht war insofern beschränkt, als sie im wesentlichen die Gesuche aus dem

Staatsrat an ihn oder seine Verfügungen nach unten wei-
terreichten.

In der Staatshierarchie standen die Sekretäre des
Staatsrates *Kashag* auf Rang drei. Der Kashag, er bestand
aus drei Adligen und einem hohen Mönchsbeamten,
kümmerte sich um die politischen, wirtschaftlichen und
juristischen Angelegenheiten des Landes. Seine Be-
schlüsse wurden von einer Exekutivgewalt umgesetzt.
Diese umfaßte das Amt für Staatsfinanzen, das Steuer-
amt, das Schatzamt, den Obersten Gerichtshof, das
Landwirtschaftsamt, das Verteidigungsamt, das Amt für
Auswärtige Angelegenheiten und die Distriktverwaltung.

Unterhalb des Kashag rangierte die Nationalversammlung – kein Ort des Votums, sondern der Debatte. Hier
waren Beamte der Ränge vier bis sechs vertreten. Die
Nationalversammlung, die sich in größeren Zeitabstän-
den traf, bildete einen Schnittpunkt zwischen dem geistlichen und weltlichen Machtapparat. In ihr saßen Vertreter aller vier buddhistischen Schulen, die Großsekretäre
des Kirchenrates und die Äbte der drei Staatsklöster.
Außerdem Laiensekretäre, die die zivilen Angelegenheiten betreuten und zugleich die Kashag-Entscheidungen
dem übergeordneten Staatsrat übermittelten. Daß die
Nationalversammlung ein reiner Debattierzirkel war,
belegt ihre geringe Kompetenz, denn es gab keine Ab-
stimmungen, sondern nur ein »Ausdiskutieren«. Man
debattierte so lange, bis sich kein Widerspruch mehr
regte. Aus Sitzungsprotokollen wird deutlich, daß die
Mönchsbeamten heftiger für ihre Interessen fochten als
die adeligen Zivilbeamten, da diese mit ihrem Pacht-
grund erpreßbar waren.

Betrachten wir abschließend ein wichtiges Organ der Exekutive – die Distriktverwaltung. Das ganze Land war in über 250 Distrikte eingeteilt, allein Zentraltibet umfaßte 50 Distrikte. Die Verwaltung außerhalb von Lhasa unterstand Distriktgouverneuren, die in der Hierarchie den fünften und sechsten Rang bekleideten. Auf den ersten Blick fungierten sie als subalterne Beamte der Zentralregierung. In ihrem Diskrikt, der zahlreiche Dörfer und Siedlungen sowie große Landstriche umfassen konnte, waren sie allerdings die uneingeschränkten Herrscher, die im Namen der Zentralregierung Steuern eintreiben und Recht sprechen konnten. Wenn Steuereinkünfte das von Lhasa festgelegte Soll überstiegen, durften die Gouverneure den Überschuß für sich behalten.

Der tibetische Adel bestand aus gut 200 Familien, die riesige Landgüter (vor 1959 waren 197 Adelsfamilien und 25 Familien des Hochadels bekannt) besaßen. Das Bewirtschaftungsrecht dieser Pachtgüter hatten sie einmal vom Dalai Lama zugesprochen bekommen als Gegenleistung für ihre Amtstätigkeit in den staatlichen Körperschaften.

Vom 18. bis zum 20. Jahrhundert hielt der Hochadel alle wichtigen, mit Titeln verbundenen Regierungsämter besetzt. In den Adelsstand aufsteigen konnten Familien, die sich große Verdienste erworben hatten – oder in denen die Reinkarnation eines Dalai Lama entdeckt wurde.

Grund und Boden waren in Regierungs-, Adels- und Klostergüter aufgeteilt. Die Bearbeitung des Ackerbodens in wiederkehrender Fruchtfolge (Gerste, Brachland, Gerste, Buchweizen) leisteten Fronbauern. Für ihre Frondienste bekamen sie von den Lehnsherren – Adel,

Kloster oder Staat – in der Regel kleine Parzellen zur eigenständigen Bewirtschaftung zugeteilt. Die Fronbauern bearbeiteten das Pachtland gemeinschaftlich, entweder mit der ganzen Sippe oder in der Dorfgemeinschaft. Die bessergestellten Fronbauern nannte man *Düchen* (dicker Rauch), weil sie einen Haushalt mit Schornstein und eine Pachtparzelle besaßen. Außer ihnen gab es noch *Düchung* (dünner Rauch). So hießen landlose Tagelöhner ohne Ackerboden. Da in den Bauernfamilien nur der Erstgeborene erbberechtigt war, verließen viele zweit- oder drittgeborenen Söhne die Familie und wurden Händler, Handwerker und Erntearbeiter. Doch meistens traten die nachgeborenen Söhne armer Familien als »Mönchssteuer« in ein Kloster ein. Da in weiten Teilen des Schneelandes ein permanenter Mangel an Arbeitskräften herrschte, muß es den Fronbauern und Tagelöhnern recht gut gegangen sein. Um so mehr zu klagen hatten die *Nangzan*, die »erblichen Sklaven«, die aber nur fünf Prozent der Bevölkerung ausmachten. Die Nangzan waren von Geburt an Leibeigene des Adels. Sie konnten verkauft, verschenkt oder getötet werden.

Das feudale Lehnswesen kannte über 200 Steuerarten. Steuern wurden in Form von Geld, Arbeitskraft und Naturalien (Getreide, Butter, Pelze, Metalle) erhoben. Luxusgüter wie Moschus, Tee, Salz, Yakschwänze und Wildtiergehörn unterlagen einer Sondersteuer. Die Klöster waren fein heraus, denn sie waren als einzige von der Steuerpflicht befreit.

Drache und Schneelöwe

Vom Kloster Samye fährt der öffentliche Bus nach Lhasa. Kurz hinter dem Flughafen kommt Unruhe auf, zwei junge chinesische Soldaten wollen aussteigen. Noch bevor der Fahrer die Haltestelle vor ihrer Kaserne ansteuert, bitten sie ihn höflich um einen Fahrschein. Vermutlich brauchen sie einen Beleg, um später den Fahrpreis erstattet zu bekommen. Der Tibeter am Steuer zuckt die Achseln, er habe keine Fahrscheine, weder für sie noch für die anderen Fahrgäste. Die Soldaten bestehen, ja beharren immer lauter auf einem Fahrschein. Der Busfahrer bremst, stoppt, im Nu kommt es zu Gebrüll bei offener Tür. Im Bus liegt auch ein junger chinesischer Holzarbeiter auf Decken, der sich ein Bein gebrochen hat. Der Verletzte wird von seinem tibetischen Chef und zwei chinesischen Kollegen nach Lhasa ins Krankenhaus begleitet. Viele Fahrgäste, die meisten Tibeter, reden erhitzt auf die uniformierten Sturköpfe ein. Der Tumult wird heftiger, und schon zieht ein Tibeter auf einem der vorderen Plätze eine Eisenstange unter dem Sitzpolster hervor. Jetzt suchen die beiden Soldaten auch ohne Fahrschein den Schutz ihrer Kaserne auf.

Im Kloster Tashilhünpo betritt ein chinesischer Soldat die Halle des Maitreya-Buddha. An der Schwelle zieht er weder die Mütze, noch macht er seinen Glimmstengel aus. Der wachhabende Mönch staucht ihn zusammen und weist dem Flegel laut schimpfend die Tür. Weitere Soldaten, diesmal Frauen, drängen nach. Sie falten die Hände und blicken andächtig drein. Nach der Umrundung der goldenen Statue spenden sie Geld. In ihrer Gruppe gibt es eine ganze Reihe, die den tibetischen Mönchen Amulette für zwanzig Yuan abkauft. Auch VBA-Offiziere können sich beim Anblick zerstörter und noch immer nicht restaurierter Buddha-Statuen für die Greueltaten der Kulturrevolution entschuldigen. Doch gleichzeitig sagen sie: »Nicht das chinesische Volk hat die Zerstörungen angerichtet, sondern die Rotgardisten.«

Beide Begegnungen, im Bus und im Tempel, sagen mehr aus als ein ganzes Seminar. Noch immer ist die Beziehung zwischen Tibetern und Chinesen gekünstelt und gespannt, noch immer fühlen sich die einen daheim, während die anderen Hergelaufene sind. Fehlt die Harmonie zwischen den Menschen, dann spricht man von einem Konflikt. Die sogenannte Tibet-Frage impliziert einen solchen Konflikt und zugleich weitergehende Fragen. Zur fehlenden Harmonie unter den Menschen kommt die Frage nach Tibets politischem Status in bezug zu China. Ferner die nach dem Nationalismus beider Völker und damit die grundsätzliche Frage, ob sich politische Gebilde an gewachsenen ethnischen Lebensräumen orientieren müssen? Oder anders gefragt: Muß ein multikultureller und multiethnischer Staat des 21. Jahrhunderts Sezession unterbinden, oder soll er Loslösung und Verselbständigung zugunsten von Demokratie und Frieden akzeptieren? Es mag resignativ klingen, entspricht aber dem weltpolitischen Alltag: jede Eingliederung von Ethnien in Großraumstaaten bringt Willkür mit sich. Vergessen wir aber nicht, daß die Schaffung von Großraumstaaten historisch fortschrittlich war, räumte sie doch mit der bornierten Kleinstaaterei auf. Kann ein unabhängiges Tibet leben? Überleben? Überleben, ohne zum Spielball eines expansionistischen islamisch-hinduistischen Staates oder eines übervölkerten Staates zu werden? Erst wenn das Ja eindeutig ausfällt, sei der Ruf nach Sezession erlaubt.

Typisch! Diejenigen, die am lautesten »Free Tibet« skandieren, lehnen es ab, sich das Leben im Land anzusehen. Sie lehnen es ab, ein besetztes Land zu bereisen und ihr gutes Geld an schlechte Chinesen zu verlieren. »Tibet«, heißt es, »das ist ja nicht mehr original!« Welch eine Arroganz gegenüber den Einheimischen, die keine andere Wahl haben, als dort zu leben. Viele, die so überheblich reden, sind in die Makellosigkeit ihres Meditationskissens verliebt und wählen statt des hochgelegenen Lhasa das tiefer gelegene Kathmandu oder Dharamsala in Indien. Lieber sitzen sie an den warmen Südhängen des Himalaja zu Füßen eines exilierten Rinpoche als an einem kalten Ort in Tibet. Zugegeben, auch diese Leute haben recht, denn die wiederaufgebauten Klöster sind ausgehöhlt und Geldschatullen der chinesischen Regierung.

Warum bereitet die Tibet-Frage soviel Kopfzerbrechen? Verwirrt die Vermischung zweier Kulturen? Oder ist es das herrische Auftreten des uralten Chauvinismus der *Han*, wie Chinesen sich nennen? Wohl kaum. Eher verwirrt uns freie Bürger des Westens, wie selbstverständlich Menschen, deren Ich vom Kommunismus ummauert ist, Besitzansprüche anmelden.

In ihrer Zweckgemeinschaft verstehen sich Chinesen

und Tibeter, weil beide an Zwänge gewöhnt sind: die einen an eine Religionshierarchie, die anderen an eine religionsartige Sozialismushierarchie, die auf konfuzianischen Werten basiert. Erstaunlicherweise bringen Parallelen Schnittpunkte hervor: So schmücken in Lhasa nicht wenige chinesische Taxifahrer den Rückspiegel ihres Wagens mit einem weißen Khatak, einem glückverheißenden Schal, an den eine Mao-Plakette gepinnt ist. Die Kombination von beidem hat viel mit Schutzbedürfnis zu tun. Vor Jahren ereignete sich in Kanton ein schwerer Verkehrsunfall, bei dem nur jener Taxifahrer unverletzt blieb, an dessen Rückspiegel eine Mao-Plakette hing. Dieses »Wunder« sprach sich im ganzen Land herum, und seither vertrauen viele Taxifahrer auf Maos Konterfei. Der weiße geweihte Glücksschal Khatak ist eine tibetische Tradition, der sich die Chinesen nicht verschließen. Selbst Seine Heiligkeit, der XIV. Dalai Lama, der gewiß keinen Grund zur Lobpreisung hat, bezeichnet Mao Zedong als einen »einfachen Mann mit Würde und Autorität ... mit einer starken Ausstrahlung«. Der höchste Lama kennt sich aus, denn als junger Mann traf er in Peking zehnmal mit dem obersten Kommunisten zusammen. Unumwunden gibt er zu, daß er damals den Marxismus wegen seines Strebens nach Gleichheit und Gerechtigkeit bewunderte.

Tibeter sind sinnlich und verspielt wie Kinder. Mit den Chinesen teilen sie die Freude an gutem Essen. Was beide trennt, ist die Politik, nicht aber der Konsum. Marken wie Addidas, Toyota, Coca-Cola, Lager-Bier, Nescafé und Calvin Klein sind für sie ideologisch neutrale Errungenschaften. Werden diese Errungenschaften weiter importiert, verläuft die Trennung bald nicht mehr zwischen Chinesen und Tibetern, sondern zwischen Arm und Reich. Im übrigen will die Generation der Postkulturrevolutionäre nichts mehr von den sattsam bejammerten Wunden ihrer Väter und Mütter wissen. Diese veränderte Einstellung ist im Westen und im tibetischen Exil von Dharamsala noch nicht angekommen. Die jungen Tibeter wollen Freiheiten, die auch die jungen Chinesen wollen. Für diese ist das kommunistische Regime allemal überholt und erfüllt seinen Zweck höchstens noch in der Abschirmung gegenüber ausländischen Mächten. Mächten wie Indien, Pakistan und Nepal, die wenig Kredit genießen und als Heimat von beängstigend vielen »schwarzen Menschen« angesehen werden.

Ein wichtiger Bestandteil der Tibet-Frage ist schließlich die historisch gewachsene Differenzierung zwischen dem ethnographischen und dem politischen Tibet. Unter dem ethnographischen versteht man das alte, viel größere Tibet, unter dem politischen die viel kleinere *Autonome Region Tibet*. Bis ins 18. Jahrhundert lebten innerhalb der Grenzen des alten Tibet, wozu auch Qinghai, Gansu und der Westen der Provinz Sichuan gehörten, 7,5 Millionen Tibeter. Heute ist das traditionelle Siedlungsgebiet in sechs chinesische Verwaltungsregionen aufgeteilt, in denen 2,2 Millionen leben.

Der Drache und der Schneelöwe begegneten sich erstmals während der Hochblüte der chinesischen Geschichte, in der Tang-Zeit von 618 bis 907. Damals wurde Prinzessin Wencheng, die Tochter des Taizong-Kaisers, nach Lhasa verheiratet. Tibeter und Chinesen kamen sich in der Folge erstmals näher. In der Epoche der Fünf Reiche (907–960), als das Reich der Mitte in Teilstaaten zerfiel, erstarben die lebhaften Beziehungen. Das gleiche gilt für die chinesische Song-Dynastie. Somit gingen beide Seiten vom Jahr 907 bis zum Jahr 1279 wieder ihre eigenen Wege, was bei einer Entfernung von über 3000 Kilometern zwischen Nordchina und Zentraltibet auch leicht vorstellbar ist.

Erst als der Drachenthron im Reich der Mitte von einem Mongolen nach harten Kämpfen usurpiert wurde, änderte sich auch die Beziehung Chinas zu Tibet. In der Zeit von Kubilai Khan entstanden enge religiöse und diplomatische Kontakte. Während seiner Yuan-Dynastie wurde das Schneeland ohne Gewaltanwendung ein Verwaltungsgebiet des Reiches der Mitte. Kubilai Khan setzte den Rat *Xuan zheng yuan* ein, der für militärische und administrative Angelegenheiten in der tibetischen Region zuständig war. Erstmals wurden in Tibet mongolisch-chinesische Schutztruppen stationiert. Von chinesischen Historikern werden diese Beziehungen heute leichthin als Beziehung zu China gewertet.

Nach dem Niedergang der mongolischen Yuan-Dynastie kam 1368 im Reich der Mitte wieder eine chinesische Dynastie an die Macht. Allerdings waren die Kaiser der Ming zu schwach, um eine administrative Hoheit über Tibet zu erlangen. Sie begnügten sich statt dessen gönnerhaft mit dem Verschenken repräsentativer Titel. Der dritte Ming-Kaiser, Chenzhu (reg. 1403–1424), verlieh hohen Lamas Ehrentitel wie »Fünf Gottkönige« oder »Großer kaiserlicher Lehrer«. Als Gegenleistung mußten alle vier tibetischen Orden zu Neujahr Delegationen mit Tributen ins weitentfernte Peking schicken. Bis zum Beginn des 17. Jahrhunderts darf man die Politik der Drachenkaiser gegenüber Tibet als »Laissez-faire«-Politik bezeichnen.

Im Jahr 1618 kam es zu einem innertibetischen Konflikt zwischen dem mittlerweile bedeutendsten Orden, den Gelugpa, dem die mächtigen Klöster und Klosterfakultäten von Drepung, Ganden und Sera unterstanden, und dem Orden der Kagyüpa (»die das Wort überliefern«). Die unorthodoxen und rebellischen Kagyüpa unterstützten den tibetischen Tsangpa-König, während die Gelugpa zu den Mongolen tendierten. In diesem Konflikt wurden viele Gelugpa-Mönche getötet, die Staatsklöster Sera und Drepung von königlich-tibetischen Truppen besetzt und die Suche nach der Reinkarnation des IV. Dalai Lama verboten. Dabei stammte die Idee der »wiederkehrenden Fleischwerdung« von den Kagyüpa. Die Reinkarnation, im Jahr 1193 zu einem festen Bestandteil der buddhistischen Lehre erkoren, wuchs sich im Laufe der Geschichte zu einem Wettstreit zwischen verschiedenen Anwärtern auf ein geistliches Amt aus. Als die Wiedergeburt des II. Dalai Lama gesucht wurde, behaupteten nicht weniger als hundert Kinder (wohl auf Anraten ihrer Eltern), daß jedes die Wiedergeburt des I. Dalai Lama sei.

Während der Kagyüpa-Orden den Ming-Kaisern geflissentlich diente, verbündete sich ein hoher Gelugpa-Lama namens Sonam Gyatso mit dem Mongolen-Herrscher Altan Khan. In Amdo, dem heutigen Qinghai, trafen der Khan und der Lama im Jahr 1578 zusammen. Der Tibeter schenkte dem Mongolen den Titel »Religionskönig, majestätische Klarheit« und erhielt als Gegengeschenk den mongolischen Titel »Höherstehender, (dessen Weisheit so groß ist wie) der Ozean« – Dalai Lama.

Ausgehöhlt und elend schwach brach die Ming-Dynastie 1644 zusammen. Erneut war die Stunde der Reichs-

aufteilung gekommen. Nördlich der Wüste Taklamakan
gewannen die mongolischen Khoshoten die Oberhand
und besetzten die Wüsten entlang der Seidenstraße bis
zum Kukonor-See. Auch in der Heimat der Nomaden
traten sie ab sofort als die Schutzherren des Dalai Lama
auf. Fortan unterstanden Tibet genauso wie die Mongolei einer klerikalen, adligen oder staatlichen Verwaltung,
an die man Steuern zu entrichten hatte. Für ein Yak jährlich vierzig Kilogramm Butter. Unter der Herrschaft der
Khoschoten erlangte der tibetische Buddhismus in der
Mongolei sein höchstes Ansehen.

Auf die Khoshoten folgten die Dsungaren, die in Zentralasien über ein riesiges Nomadenreich herrschten.
Zwischen ihnen und den Mandschu, die mittlerweile
den chinesischen Drachenthron als Qing-Kaiser usurpiert hatten, kam es zu einem Wettbewerb um die Gunst
des Dalai Lama. So wurde der VI. Dalai Lama als höchster Repräsentant im Jahr 1652 an den Hof nach Peking
eingeladen. Im letzten Augenblick verhinderte allerdings
der deutsche Jesuit und Kaiserberater Adam Schall
(1592–1666), daß der höchste »Buddha-Bonze« eine
ehrwürdige Audienz im Palast erhielt. Er befürchtete,
daß die christliche Missionierung Schaden nehme.

Aus dem mandschurisch-mongolischen Wettbewerb
wurde bitterer Ernst, als die mandschurische Qing-Dynastie im Jahr 1708 eigenmächtig einen ihr genehmen
15jährigen Jungen aus Litang als den neuen VII. Dalai
Lama inthronisierte. Gleichzeitig stationierte sie in Lhasa
eine Garnison mit mehreren tausend Soldaten. Mit ihrer
klerikal-profanen Doppelstrategie gelang es der Qing-
Dynastie, bis zum Jahre 1911 eine Art Protektorat über
Tibet zu etablieren und die Mongolen abzudrängen.

Rückblickend ist zu bemerken, daß durch einen innertibetischen Konflikt, nämlich zwischen Gelugpa und Kagyüpa, das Schneeland unter fremde Herrschaft fiel – zuerst unter die Herrschaft der Khoschoten, dann die der Dsungaren und schließlich die der Mandschu der Qing-Dynastie. Unter eine Fremdherrschaft, die nahezu vierhundert Jahre andauerte!

Im Jahr 1720 setzte ein Qing-Kaiser, der unter der Devise »Gedeihlicher Weltfrieden« (Kangxi) regierte, in Lhasa zwei Residenten ein. Diese beiden *amban* konnten sich auf eine chinesische Militärgarnison stützen und verfügten über Vollmachten, um Gesetze zu erlassen und als Richter tätig zu werden. Sie wurden sogar dem Dalai Lama, dem mittlerweile religiösen und politischen Oberhaupt Tibets, und dem zweithöchsten Lebenden Buddha, dem Panchen Lama, gleichgestellt, und der gesamte tibetische Adel hatte ihnen zu gehorchen. Schließlich oblag den beiden auch noch die Sicherung der südlichen Reichsgrenzen zu Nepal und Indien hin. Wohlgemerkt, durch das Schutzabkommen mit dem Qing-Hof erhielt Tibet 1720 den Status eines Protektorats, wurde aber keinesfalls Teil des Reiches der Mitte. Über mehrere Jahre hinweg wob der Hof im fernen Peking sein Protektorat behutsam in sein imperiales Netz ein. So wurde vereinbart, daß der Dalai Lama nur noch als religiöses Oberhaupt der Tibeter fungiere. Als nächstes wurden die Region Amdo und das Gebiet um den Kukonor-See unter die Jurisdiktion der mandschurischen Qing-Dynastie gestellt, nachdem dort eine mongolische Revolte niedergeschlagen worden war. Des weiteren wurden drei ethnische Gebiete in Osttibet, in Kham, der Jurisdiktion der kaiserlichen Provinzen von

Sichuan und Yunnan unterstellt. 1727 entsandte der Kaiser von China einen Hochkommissar nach Lhasa, der anstelle der beiden Residenten die tibetische Verwaltungsbehörde zur reinen Befehlsempfängerin degradierte. Als eine Widerstandsbewegung, die sogar Rückhalt im Adel hatte, aufgedeckt wurde, löste der Kaiser im fernen Peking das Parlament in Lhasa auf und ernannte den VII. Dalai Lama, einen zurückhaltenden Buchgelehrten ohne politisches Profil, zum nominellen Oberhaupt Tibets. Durch eine gezielte Förderung der Staatsklöster Drepung, Sera und Ganden nahm der Qing-Hof auch Einfluß auf die religiöse Macht. Dem ersten Hochkommissar folgten bis zum Zusammenbruch der Reichsmonarchie im Jahre 1911 weitere hundert Amtsträger.

Um die dauernden Zwistigkeiten unter den tibetischen Orden bei der Suche nach der Reinkarnation eines großen Lebenden Buddhas – des Dalai Lama, Panchen Lama oder Karmapa – ein für allemal zu beenden, verfügten die Mandschu den Losentscheid und schufen zu diesem Zweck die Goldene Urne. Fortan entschied bei strittigen Reinkarnationen eines großen Lebenden Buddhas das Los. Die Namen der auserwählten Knaben wurden auf Zettelchen geschrieben, in Gerstenmehlkügelchen eingerollt, in das edle Gefäß geworfen und unter Aufsicht des Hochkommissars von den höchsten Lamas wie Lose gezogen.

Im Jahr 1739 brüskierte der Qing-Hof den tibetischen Adel, er ernannte den Stadtverwalter von Shigatse, Pholhanas, zum König über ganz Tibet. Diesem Tibeter war es vier Jahre zuvor gelungen, den VII. Dalai Lama zu überreden, aus dem mongolischen Exil nach Lhasa zurückzukehren. Der Sohn von Pholhanas, der 1747 den

Königstitel von seinem Vater erbte, verfolgte eine ganz andere Politik als sein verstorbener Vater – er wollte Tibet von äußeren Kräften befreien, er wollte Tibets Unabhängigkeit. Als er ernst machte und anfing, den Hochkommissar und die Qing-Truppen aus Lhasa zu vertreiben, wurde er von gedungenen Mördern erdolcht. Es kam zu einer Revolte in der Lokalverwaltung von Lhasa, die der Qing-Kaiser Qianlong mit der Entsendung von Truppen beantwortete. Doch erst 1751 sollte es den Mandschu gelingen, Lhasa wieder zu befrieden. Die Herrscher aus dem Norden zeigten ihre Macht selten offen: sie beließen es beim Schutzstatus, dem Protektorat mit innerer Autonomie, die freie Religionsausübung, Autonomie der Klöster, tibetische Gerichtsbarkeit und tibetisches Lehnswesen beinhaltete.

Sie wußten um den Nationalstolz der Tibeter, achteten deren Religiosität und verfolgten eigentlich nur ein Interesse: Sie wollten verhindern, daß Tibet wieder in mongolische Hände fiel. Wie 400 Jahre zuvor die Kaiser der mongolischen Yuan-Dynastie, brachten auch die Mandschu dem tibetischen Buddhismus, dem Vajrayana, große Hochachtung entgegen. Sie förderten die Übersetzung von Sutras ins Mandschurische. Die Kaiserstadt Peking wurde das Zentrum für den Druck tibetischer Werke. Im Jahr 1732 befahl der Yongzheng-Kaiser seinen Palast, den Yonghegong, in einen lamaistischen Tempel umzubauen. Heute zählt dieser Tempel im tibetisch-chinesischem Stil zu den Sehenswürdigkeiten von Peking.

In den folgenden Jahren erschütterten Bauernrevolten und islamische Aufstände im fernen Westen das Reich der Mitte, so daß der gelbe Kaiser sein abgelegenes Protektorat vergaß. An der Südgrenze mußte Tibet lange

Zeit einen so ungeschützten Eindruck gemacht haben, daß 1788 nepalesische Truppen in großem Stil einmarschierten. Zuvor war es bereits zu kleineren Überfällen in Südtibet gekommen. Erst vier Jahre nach dieser Aggression entsandte Peking ein Heer. Jetzt stießen die mandschurisch-tibetischen Truppen bis nach Nepal hinein vor und bestraften die Gurkhas für ihre Invasion grausam. Nach der Strafexpedition blieben chinesische Einheiten in Lhasa stationiert. Ein Jahr nach dem Sturz der Reichsmonarchie zogen sie im Jahre 1912 ab. Wieder ein Jahr später kehrte der XIII. Dalai Lama aus seinem Exil zurück. Der Gottkönig, der 1895 im Alter von 19 Jahren inthronisiert wurde, hatte sich in Lhasa von den Briten bedroht gefühlt und war ins Exil gegangen – zuerst in die befreundete Mongolei, später nach China und schließlich nach Indien. Als er nach neun Jahren in seine Heimat zurückkehrte, proklamierte er die Unabhängigkeit seines Landes. Noch im selben Jahr unterzeichneten Tibet und die Mongolei ein Abkommen, in dem Tibet als souveräner Staat anerkannt wurde.

1911 hatte in China die feudale Epoche ein unrühmliches Ende gefunden. Der Demokrat Sun Yatsen (1866–1925) eroberte die Macht im Staat mit demokratischen Mitteln und nationalistischen Parolen wie »Japaner raus aus der Mandschurei«, »Russen raus aus der Mongolei« und »Briten raus aus Tibet«. Die Tibeter erhielten in der Nationalversammlung der Republik China ein Stimmrecht, und auf der neuen fünffarbigen Nationalflagge der Republik China repräsentierte fortan das schwarze Band Tibet. Sun Yatsen bot dem XIII. Dalai Lama wieder den alten Status als Schutzpatron und geistliches Oberhaupt seines Landes an. Der frisch aus dem

indischen Exil zurückgekehrte Dalai Lama lehnte diese
Offerte ab, denn er wollte die vollständige Unabhängigkeit Tibets. Allerdings setzte er klug auf Kooperation
und ließ über eine etappenweise Verwirklichung dieses
Plans mit sich reden.

Als Sun Yatsens demokratische Partei, die Kuomintang, im Jahre 1931 die Nationalversammlung einberief,
befanden sich die Repräsentanten des XIII. Dalai Lama
und IX. Panchen Lama unter den Abgeordneten. Doch
erst im April 1940 wurde der chinesischen Regierung erlaubt, in Lhasa ein Büro des »Rates für mongolische und
tibetische Belange« einzurichten. Im Gegenzug erließ
Generalissimo Tschiang Kai-schek ein Dekret zur Bestä-
tigung des fünfjährigen Tenzin Gyatso als XIV. Dalai
Lama. Diesmal bedurfte die erhabene Wiedergeburt keiner Losziehung aus der Goldenen Urne.

In den fünfziger Jahren versank China im Chaos eines
blutigen Bürgerkrieges zwischen der nationalistischen
Kuomintang und der sowjetabhängigen Kommunistischen Partei Chinas (KPChina). Fernab von jenem Chaos
nahm Tibet ab 1947 diplomatische Beziehungen zu Nepal, Bhutan und Indien auf. Zwei Jahre nach diesem sou-
veränen Akt schlugen in China die Kommunisten ihren
Erzfeind in die Flucht. Der Generalissimo und seine Na-
tionalisten mußten übers Meer auf die Insel Taiwan fliehen. Die tibetische Regierung nutzte die Gunst der
revolutionären Verwirrung und forderte alle Vertreter
Chinas auf, Lhasa zu verlassen. Völkerrechtlich gesehen
waren damit alle Bindungen beendet, die eine Unabhängigkeit hätten einschränken können.

Nach Gründung der Volksrepublik im Oktober 1949
erkannten die Sowjetunion sofort und Indien und Groß-

britannien etwas später die kommunistische Regierung als legitime Vertreterin des chinesischen Volkes an. Bereits im Jahr darauf, am 7. Oktober 1950, marschierten 30 000 Soldaten der kommunistischen Volksrepublik China in Lhasa ein. Zuvor hatte das Südwestbüro der rotchinesischen Armee in Chongqing einen Angriffsplan gegen tibetische Landarbeiter ausgearbeitet, weil diese die Angliederung mit Waffengewalt sabotierten. Diese Unabhängigkeitskämpfer, die sich am heiligen Berg Amnye Machen in Nordosttibet mit den dortigen Golok-Nomaden verbündet hatten, widersetzten sich zwei Wochen lang der chinesischen Militäraktion. Auch ohne diese Scharmützel ist das Vordringen der chinesischen Armee auf tibetisches Territorium als eine völkerrechtswidrige Gewaltanwendung und somit als Verletzung der UN-Deklaration der Menschenrechte zu werten. Aber Diktatoren verspotten gerne die Deklaration vom Dezember 1948, denn sie hat keinen völkerrechtlich bindenden Charakter. Dabei könnte ihre Befolgung die Welt viel friedlicher machen. Da heißt es im Artikel 1: »Alle Menschen sind frei und gleich an Würde und Rechten geboren. Sie sind mit Vernunft und Gewissen begabt und sollen einander im Geist der Brüderlichkeit begegnen.«

Kein Aufschrei ging um die Welt, kein Gegenschlag wurde angedroht, keine nennenswerte Verurteilung der Okkupation vor einem internationalen Gremium erfolgte – die Welt schaute weg. Mehr noch: Seit jenem Oktober 1950 verharrt die Staatengemeinschaft in einem seltsam ambivalenten Zustand, den man als schizophren bezeichnen muß. Einerseits dulden viele Staaten die Ausübung der Gebietshoheit durch China. Auch stellen sie den chinesischen Alleinvertretungsanspruch über Tibet nicht in Frage. Andererseits enthalten sie sich aber fast ausnahmslos einer offiziellen Anerkennung Tibets als Teil der Volksrepublik China. Diese Krankheit fing 1950 an und dauert bis heute an.

Die Kommunisten, geübt in der Schaffung einer Einheitsfront, suchten sich in Tibet Verbündete. Ihr wichtigster Mann wurde ein studierter Politiker namens Ngawang Dschigme Ngabö. Der Kollaborateur half mit, jeden nationalistischen Widerstand zu brechen und den Boden für ein offizielles Abkommen zu bereiten. In gutem Einvernehmen unterzeichnete am 23. Mai 1951 in Peking eine von ihm geleitete Delegation das »17-Punkte-Abkommen zur friedlichen Befreiung Tibets«. Zur Grenzsicherung und für die innere Sicherheit trafen schon bald 20000 chinesische Elitesoldaten in Lhasa ein. Der Volksrepublik China wurde vertraglich eingeräumt, Truppen in Tibet zu stationieren, die Grenzen zu schützen und Tibets auswärtige Angelegenheiten wahrzunehmen. Das Abkommen garantierte den Tibetern die freie Ausübung ihrer Religion, Achtung ihrer Sitten und Gebräuche und den Schutz der Mönche und Klöster. In kommunistischem Duktus verpflichtete sich das tibetische Volk zum Zusammenschluß und zur Vertreibung »imperialistischer Aggressoren« (Anhänger der nationalistischen Kuomintang) aus Tibet und zur Rückkehr »in die große Völkerfamilie des Mutterlandes, der Volksrepublik China«.

Im Jahr darauf begann die chinesische Zentralregierung in Tibet eine Landreform durchzuführen, in deren Zug eine Million Leibeigene und Sklaven befreit wurden. Das Bewirtschaftungsrecht des Bodens fiel an die

Bauern, und diese konnten die neuen Parzellen nun nach eigenem Gutdünken bewirtschaften, ab jetzt waren sie von keinem Pachtherrn mehr abhängig. Die Klöster büßten große Teile ihrer Ländereien ein, die unter den Bauern der umliegenden Dörfer aufgeteilt wurden. Auch das Vieh ging mit in das Eigentum der Bauern über.

Der Dalai Lama, ein junger Mann von 17 Jahren, war dieser Grund- und Bodenreform nicht abgeneigt. Mao Zedongs politische Strategie zielte darauf ab, Tibet friedlich zu befreien, und zwar Schritt für Schritt durch politische Überzeugungsarbeit unter dem Volk. 1954 begaben sich der Dalai Lama und der Panchen Lama nach Peking zum ersten Treffen des Nationalen Volkskongresses (NVK), wie das von der KP Chinas eingesetzte Parlament heißt. Die beiden Tibeter wohnten den Sitzungen bei und reisten anschließend durch das ganze Land, um sich über den sozialistischen Aufbau zu informieren. Der Dalai Lama hielt sich ein ganzes Jahr fern von Lhasa auf. Während er die Industriezentren Nord- und Ostchinas besuchte, wurde die über tausend Kilometer lange – strategisch wichtige – Überlandstraße von Qinghai nach Lhasa fertiggestellt. Damit entdeckten auch die chinesischen Bauern und Händler das bis dahin abgeschiedene Land. Noch herrschte Frieden, wenn auch der eine oder andere Tibeter die Faust in der Tasche ballte. Erst als die kommunistische Regierung für den privat bewirtschafteten Grund und Boden Steuern einführte, rebellierten die Bauern, denn sie fühlten sich an die feudale Pacht erinnert. Es kam zur Bildung einer Bauernguerilla, die von den Hochtälern südlich des Tsangpo-Flusses aus operierte.

Ab Herbst 1955 verschärfte sich das politische Klima im fernen Osten Tibets, der bereits zur chinesischen Provinz Sichuan gehörte, denn der Provinzparteisekretär von Sichuan, Li Jingquan, wollte das Tempo der sozialistischen Umgestaltung beschleunigen. Zu lange schon schwärte die Wunde des »weißen« Sichuan im Fleisch der roten Volksrepublik. Der linksradikale Parteifunktionär Li Jingquan wollte seine Provinz mit einem gewaltigen Sprung aus dem Feudalismus in den Kommunismus katapultieren und über die Köpfe des Volkes hinweg Volkskommunen ohne Privateigentum errichten. Die chinesischen Kommunisten wollten Marxisten von Weltklasse sein und der neidvoll bewunderten Sowjetunion zeigen, daß in der politisch rückständigen, aber sehr fruchtbaren Provinz Sichuan schon morgen der Sozialismus Einzug halten werde.

Als die chinesischen Kommunisten den feudal erzogenen Tibetern das neu zugestandene Privateigentum wieder abspenstig machen wollten, kam es prompt zu bewaffneten Aufständen in den Hochtälern von West-Sichuan, dem ehemaligen Kham. Chancenlos gegen die chinesische Armee, zogen sich die *Khampa* nach kurzem Widerstand nach Lhasa zurück. Der große Aufstand des tibetischen Volkes von 1959 hatte hier seine Wurzeln, und der Westen der Provinz Sichuan sollte in den kommenden vier Jahren nicht mehr zur Ruhe kommen.

Im Juli 1957 trafen sich die Anführer der Khampa, begruben ihre Streitigkeiten und gründeten die Widerstandsbewegung »Vier Flüsse, sechs Bergzüge«, benannt nach dem historischen Namen für die Gebiete Amdo und Kham. Die tibetische Guerilla wurde nun von der CIA unterstützt. Amerikanische Flugzeuge drangen bei

Nacht von Birma aus in den chinesischen Luftraum ein und warfen über unwegsamen Gebieten Waffen, Munition und Verpflegung ab. Außerdem wurden Khampa-Kämpfer auf die Insel Taiwan geschleust, wo die Amerikaner sie militärisch ausbildeten. Gleichzeitig bot die amerikanische Regierung dem Dalai Lama in Geheimgesprächen an, mit einigen hundert Beamten in den USA eine Exilregierung einzurichten. Doch als Patriot lehnte der Dalai Lama die Offerte ab.

Im Frühjahr 1959 wurden die Tibeter mit folgendem Parteidiktat konfrontiert: Trennung von religiöser und politischer Macht, Entmachtung aller religiösen Würdenträger, staatsdemokratische Verwaltung der Tempel und Klöster; Potala und Klöster werden Eigentum des sozialistischen chinesischen Staates.

Gewalt fördert Gegengewalt – das hatte Mao Zedong gelehrt. Entsprechend dieser Logik antwortete das tibetische Volk mit Aufständen in Lhasa, Kham und Amdo. Die rotchinesische Armee, mittlerweile Volksbefreiungsarmee (VBA) genannt, war vorbereitet. In Lhasa lösten die Kommunisten die patriotische Lokalregierung aus Vertretern des Dalai Lama und der vier Orden sowie gewählten Volksvertretern am 18. März 1959 auf und übertrugen ihre Funktion dem Vorbereitenden Komitee zur Errichtung der Autonomen Region Tibet. Den Vizevorsitz übertrugen sie dem 22jährigen X. Panchen Lama. Der chinesische Putsch gegen die Lokalregierung empörte das Volk derart, daß es zum bewaffneten Widerstand in den Straßen von Lhasa kam. Als der Dalai Lama sich weigerte, die Aufständischen zu befrieden, drohte ihm in seiner Sommerresidenz Norbulingka die Arretierung.

Inzwischen war die Eskalation unabwendbar geworden. Am 22. März beschoß die VBA den heiligsten aller Tempel, den Yokhang, mit Artillerie. Die Aufständischen, Mönche ohne Waffen und harmlose Bürger, hatten sich im Nationalheiligtum verschanzt. Mit Maschinengewehrsalven mähten chinesische Soldaten innerhalb von zwei Stunden 15000 Zivilisten nieder. Die Bewohner von Lhasa mußten vor der militärischen Übermacht kapitulieren. Nach zwölf Tagen Gegenwehr flüchteten 100000 Tibeter mit dem Dalai Lama nach Indien und Nepal. Am 30. März 1959 fand der XIV. Dalai Lama im vormals britischen Luftkurort McLead Ganj im indischen Bundesstaat Himachal Pradesh sein Exil, das er bis heute bewohnt. Währenddessen gingen die Kämpfe im Nordosten und Osten weiter. In Kham und Amdo kämpfte die Guerilla »Vier Flüsse, sechs Bergzüge« so erbittert, daß 32000 Menschen auf beiden Seiten starben. Doch die technische Ausrüstung der VBA-Truppen war überlegen, und am 21. April mußte die Guerilla die Waffen strecken. Die Führer von *Chu Shi Gangdrug* flohen aus ihrem Hauptquartier in Lhoka nach Indien. Ein gutes Jahr später meldete Radio Lhasa in menschenverachtendem Triumph, daß 87000 Reaktionäre liquidiert worden seien. Auf die Niederlage des Volksaufstandes folgte eine grausame Hungersnot, wie sie auch China heimsuchte (Mißernten und der »Große Sprung« kosteten mindestens 19 Millionen Chinesen das Leben).

»Wir aßen Stricke, Ledertaschen, alles, was wir finden konnten«, erzählte ein Tibeter in Lhasa. Der Hunger war so schlimm, daß es zu Kannibalismus in den Familien kam. Barmherzige Eltern fütterten ihre Säuglinge mit einem Gemisch aus ihrem Blut, heißem Wasser und

Tsampa (Gerstenmehl). Auf den Straßen der Stadt suchten hungernde Kinder in den Pferdeäpfeln nach unverdauten Körnern. Die erschütternde Bilanz: Im Volksaufstand und durch die Hungersnot kamen 1,2 Millionen Tibeter ums Leben. Mit dem Massaker haben die chinesischen Kommunisten laut Untersuchung einer internationalen Juristenkommission sechzehn Artikel der Menschenrechtskonvention verletzt, wie Mord, Vergewaltigung, Folter (z. B. die Tortur der nassen Lederkappe, die sich beim Trocknen zusammenzieht) und Deportation. In einem über mehr als ein Jahrzehnt sich hinziehenden atheistischen Rachefeldzug, der in der Großen Proletarischen Kulturrevolution gipfelte, wurden die meisten der 6000 Tempel und Klöster zerstört. Nach der Befriedung Tibets gaben die Kommunisten dem Land eine ihnen genehme Regierungsstruktur und gründeten am 9. September 1965 die Autonome Region Tibet, chinesisch *Xizang Zizhiqu*. Die Neustrukturierung brachte eine Halbierung des tibetischen Territoriums auf 1,23 Millionen Quadratkilometer mit sich, so daß heute viele Tibeter unter direkter chinesischer Verwaltung und Sprachhoheit in den Gebieten Qinghai, Gansu und Sichuan leben.

Nach Maos Tod und der Rehabilitierung von Deng Xiaoping begann in den tibetisch-chinesischen Beziehungen eine neue Ära. Vertreter und Anverwandte des Dalai Lama aus dem indischen Exil in Dharamsala wurden nach Peking eingeladen, und am 12. März 1979 eröffnete ihnen Deng Xiaoping: »Es kommt darauf an, daß Tibet ein Bestandteil Chinas ist. Das ist das Beurteilungskriterium für richtig und falsch.« Nach dieser Begegnung wurden politische Gefangene aus Arbeitslagern in Qinghai freigelassen, und Tibeter durften ins Ausland reisen. In der britischen Kronkolonie Hongkong fanden inoffizielle Verhandlungen zwischen der demokratisch gewählten tibetischen Exilregierung, die seit 1959 in Dharamsala die Geschicke der Exiltibeter lenkt, und den chinesischen Kommunisten statt.

Gyalo Thondup, der ältere Bruder des Dalai Lama, der in Hongkong lebt, diente als Mittelsmann. In Geheimmission reiste er nach Peking, wo er mit Generalsekretär Hu Yaobang am 28. Juli 1981 zusammentraf. Bei dieser Begegnung unterbreiteten die Kommunisten das Angebot: Seine Heiligkeit, der Dalai Lama, dürfe den gleichen politischen Status und die gleichen Lebensbedingungen haben wie vor 1959. Allerdings sähe es Peking am liebsten, wenn er nicht in Lhasa residierte. Er solle ins »Mutterland« als Individuum zurückkehren. Die Runde vertagte sich ergebnislos. Erst drei Jahre später kam es wieder zu einem geheimen Treffen. Maximaler hätte die Forderung der angereisten Exiltibeter nicht ausfallen können – sie verlangten ein demilitarisiertes »Groß«-Tibet mit allumfassender politischer Autonomie. Dieses Ansinnen wischten die mächtigen Kommunisten sofort vom Tisch. Auch diese Verhandlungen wurden ergebnislos abgebrochen.

In den achtziger Jahren besuchten mehr und mehr Exiltibeter ihre Heimat, obwohl sie für die Einreise den Status von »Übersee-Chinesen« akzeptieren mußten. Es kam zu einem regen Familienaustausch und Exiltibeter kehrten sogar aus Patriotismus wieder in die alte Heimat zurück.

1987 sprach der Dalai Lama erstmals wie ein Staatsmann vor dem amerikanischen Repräsentantenhaus über die politische Lage in Tibet. Seine Heimat bezeichnete er als ein Land im »Holocaust«. Nur knapp ein Jahr später, am 15. Juni 1988, wählte er vor dem Europaparlament verbindlichere Töne. Er signalisierte der chinesischen Regierung, sie könne wieder wie in den fünfziger Jahren für Tibets Außenpolitik verantwortlich sein, und Tibet könne ein Teil Chinas bleiben. Mit diesen Worten nahm er vor der Weltöffentlichkeit Abschied von der vollständigen Unabhängigkeit. Peking wertete dieses Angebot nicht als Kompromiß, sondern als eine indirekte Form der Unabhängigkeit. Aber insgeheim blieben beide Seiten in Kontakt. Nach dem Tod des X. Panchen Lama wurde der Dalai Lama zu der Totenfeier am 28. Januar 1989 nach Peking eingeladen. Obwohl ihn nicht die Kommunisten, sondern der Präsident der buddhistischen Vereinigung Chinas, Zhao Puchu, persönlich eingeladen hatte, lehnte er ab, weil man ihm nur gestattete, nach Peking zu reisen.

Das Jahr 1989 sollte zum Schicksalsjahr für Tibeter und Chinesen werden. Der XIV. Dalai Lama erhielt den Friedensnobelpreis, die chinesische Führung erfuhr die ganze Wut ihres Volkes. Am 4. Juni umzingelte das chinesische Militär friedliche Demonstranten auf dem Platz des Himmlischen Friedens in Peking und richtete ein Blutbad an.

Heute herrscht in Tibet eine trügerische Ruhe. Unangemeldet tauchten am 6. Mai 1996 im stillen Kloster Ganden Herren in Lederjacken, mit verspiegelten Sonnenbrillen und Handys in Ledertäschchen auf. Sie wiesen die Mönche an, alle Dalai Lama-Fotos von den Altären zu entfernen. Der Anweisung widersetzten sich die jungen Mönche und zogen protestierend zum Büro des Staatlichen Religionsamtes. Das Wortgefecht eskalierte

—— *86* ——

in eine Schlägerei, bei der ein tibetischer KP-Funktionär verletzt wurde. Die chinesischen Funktionäre bekamen es mit der Angst und riefen die Armee. Im heiligen Ganden fielen Schüsse, vierzig Mönche wurden verhaftet, und in ihrer Not verließen alle 600 Mönche das Kloster.

Die Kommunisten empörten sich über die mangelnde Dankbarkeit der heiligen Männer, hatte die Zentralregierung doch zwanzig Millionen Yuan für die Restaurierung des Klosters Ganden und weitere 55 Millionen Yuan für die fünfjährige Restaurierung des Potala-Palastes aufgewendet. Außerdem, so steht in chinesischen Broschüren geschrieben, sollen für das Kloster Tashilhünpo in Shigatse rund 300 Millionen Yuan (inklusive 111 kg Gold und zwei Tonnen Silber und Juwelen für die Reliquien-Stupa von fünf Panchen Lamas) ausgegeben worden sein. Soviel Undank bei soviel Geld – das entzündete natürlich Rachegelüste. Ab sofort reagierte die chinesische Zentralregierung wieder extrem hart auf jeglichen patriotischen Protest zugunsten ihres Erzfeindes, des Dalai Lama. Der harte Kern der Opposition, junge Mönche und Nonnen, wurde in den Gefängnissen Drapchi und Sanyip festgesetzt. Nach kurzem, geheimem Prozeß wurden nicht wenige in das Arbeitslager Nyiti in der abgelegenen Region Kongbo eingeliefert. Hier sei erwähnt: wer bei seiner Flucht über den Himalaja erwischt wird, kommt in das Gefängnis Trisam in der Region von Pembo. Immerhin flüchten wieder jährlich 2000 bis 3000 Tibeter nach Nepal.

Schon wieder sollen die Mönche und Nonnen »erzogen« werden. Seit 1996 veranstaltet die Zentralregierung sogenannte Entlarvungs- und Kritik-Treffen in den Klöstern. Kommunistische Propagandateams erscheinen alle drei Monate, um Novizen, Mönche und Nonnen zum Studium der verfassungskonformen Religionspolitik anzuleiten. Selbst die Äbte werden patriotisch erzogen, damit sie nicht dem Beispiel des Abtes von Kumbum folgen, der sich in die USA abgesetzt hat. Die Kardinaltugenden der staatlichen Religionspolitik lauten: Treue gegenüber dem Mutterland, Pflichtbewußtsein gegenüber der Regierung, dem Gesetz und den Mitbürgern. Als irreligiöse Aktivitäten gelten: Handlungen, die von Ignoranz und Aberglauben geleitet sind, und Handlungen, die das Interesse des Staates sowie das Leben und Eigentum des Volkes unterminieren. Wer sich untugendhaft verhält, muß mit harter Bestrafung rechnen. So wie die fünfzig Nonnen des Klosters Rakor bei Lhasa. Im Sommer 1997 hatten sie sich der Tugendkampagne widersetzt, woraufhin Bautrupps anrückten und ihr Kloster unter dem Vorwand zerstörten, die neuen Gebäude seien nicht genehmigt. Auch im Kloster von Drag Yerpa, einem Wallfahrtsort dreißig Kilometer nordöstlich von Lhasa, wurden im April 1998 ein Tempel und mehrere Wirtschaftsgebäude mit der gleichen Begründung abgerissen. Ein Tibeter, nach der jüngeren Geschichte befragt, erzählt: »Im ersten Jahrzehnt von 1950 bis 1960 verloren wir unser Land, im zweiten Jahrzehnt verloren wir die politische Macht, im dritten Jahrzehnt verloren wir unsere Kultur und im vierten Jahrzehnt bis 1990 verloren wir unsere Ökonomie.«

Zum Leidwesen der chinesischen Zentralregierung schlägt jeder innere Protest auch im Ausland Wellen. Über Jahre protestierte die Tibeterin Sonam Dekyi für die Freilassung ihres Sohnes. Ngawang Choepel war als Fulbright-Stipendiat nach Tibet gereist, um Video-Aufnahmen von Straßenmusikanten zu machen, weil er die traditionelle Volksmusik studierte. Die Behörden verhafteten ihn 1995. Jahrelang war er verschollen. Und am 15. Mai 1998 zündete sich der tibetische Mönch Thupten Nogdup in Neu-Delhi an, als die indische Polizei einen Hungerstreik von Exiltibetern auflöste. Solche Einzelschicksale ließen sich zahlreich anführen.

Hohe Wellen schlug das Thema Zwangssterilisation – von Chinesinnen und Tibeterinnen. Dank internationaler Proteste gehen die Bevölkerungsstrategen inzwischen sensibler vor. Die chinesische Regierung erlaubt den Bürgern von Lhasa zwei Kinder, den Landbewohnern und Nomaden hingegen vier. Wird dieses Soll überschritten, muß sich die Frau unter Androhung einer Geldbuße sterilisieren lassen. Kinderkriegen ist nicht unbedingt Kindersegen, vor allem nicht in den Weiten des Westens, wo die nächste Schule eine halbe Tagesreise entfernt ist. So gehen die Nomadenkinder zehn Monate im Jahr im nächstgrößeren Dorf zur Schule und weilen die Wintermonate über bei ihren Familien. Aus dem ganzen Land besuchen rund 10 000 junge Tibeter weiterführende Schulen oder Hochschulen in China, in Chengdu, Xi'an oder Peking.

Aktuell sehen sich die Tibeter mit zwei Problemen konfrontiert: Zum einen der Ansiedlung von Chinesen. Fünftausend lassen sich jährlich allein in Lhasa nieder, und inzwischen trifft man Südchinesen in den hintersten Winkeln, wo sie Restaurants und Läden betreiben. Zum anderen der Sprache. Zwar werden die Kinder in der unteren Mittelschule tibetisch unterrichtet, doch in den weiterführenden Schulen und an den Hochschulen und Universitäten ist die führende Sprache Chinesisch. Im

Geschäftsleben wird durchweg chinesisch gesprochen und, das ist für viele Tibeter vertrakt, geschrieben. Wer seine Ausbildung im indischen Exil absolvierte, der kann sein schlechtes Chinesisch nicht mit gutem Englisch wettmachen.

Im Herzen sind alle Tibeter religiös und lassen nichts auf ihre höchsten Lebenden Buddhas, Dalai Lama und Panchen Lama, kommen. Diese tief verankerte Spiritualität kann kein Atheist manipulieren, wie sich einmal mehr im Fall der Inkarnation des Panchen Lama zeigte.

Nach dem Tod des X. Panchen Lama im Jahre 1989 kamen Tibeter und Chinesen überein, daß ein Suchtrupp unter Leitung des Abtes von Tashilhünpo, Chadrel Rinpoche, nach der Reinkarnation suchen solle. Jahre vergingen und endlich fand der Trupp drei Jungen, die in Frage kamen. Am 29. November 1995 sollte der einzig wahre Nachfolger durch Losentscheid mit der Goldenen Urne bestimmt werden. Die Zentralregierung wollte die endgültige Wahl bis zum letzten Augenblick geheimhalten. Doch der Dalai Lama durchbrach die Absprache und verkündete noch vor der Losziehung, daß der elfjährige Gedhun Choekyi Nyima die einzig wahre Inkarnation des X. Panchen Lama sei. Als dies international publik wurde, befand sich der Leiter des Suchtrupps, Chadrel Rinpoche, gerade in Chengdu. Die chinesischen Behörden verlangten, Chadrel Rinpoche solle sich mit seiner ganzen Autorität dieser einseitigen Ernennung widersetzen. Der hohe Abt aber stellte sich auf die Seite des Dalai Lama und büßte seine Zivilcourage mit sechs Jahren Gefängnis. In Chengdu wurde er verhaftet und wie alle wichtigen politischen Gefangenen an einem unbekannten Ort in China interniert.

Kaum hatte der Dalai Lama seine Wahl bekanntgege-
ben, da hatte die Zentralregierung nichts Besseres zu tun,
als ihren Gegenkandidaten, das Kind Gyaincain Norbu
zu küren. Dieser Junge stammt aus dem Kreis Jiali im
Autonomen Gebiet Tibet und lebt, so besagen Gerüchte,
in Chengdu. Dort soll er zusammen mit der chinesischen
Frau und den beiden Töchtern des verstorbenen X. Panchen Lama wohnen. Nach chinesischen Quellen sollen
Gedhun Choekyi Nyima und das dritte Kind, Gongsang
Wangdui, das aus einer tibetischen Arbeiterfamilie
stammt, in China »eine gute Erziehung« genießen. Soviel
ist offiziell bekannt. Hinter vorgehaltener Hand wird
mehr erzählt. Der Kandidat des Dalai Lama soll in Peking
unter Hausarrest stehen.

Wie wenig der »chinesische« Panchen Lama in den
Herzen der Tibeter lebt, zeigte sich in der Nacht auf den
20. Juni 1999. Ich konnte miterleben, wie der kleine
Gyaincain Norbu in aller Heimlichkeit in das Stammkloster Tashilhünpo gebracht wurde. Nur wenige Neugie-
rige hatten sich am Straßenrand versammelt, um einen
Blick hinter die schwarzen Gardinen der Landcruiser-
Kolonne zu erhaschen. Warum nur fand der Besuch in
Shigatse so abgeschirmt statt? Weil die Zentralregierung
weiß, daß ihr Kind nicht als Panchen Lama-Inkarnation
angenommen wird. Daß der Knabe allerdings ein Lebender Buddha ist, glauben die Tibeter schon. So nennen sie ihn statt Panchen Lama, anerkennend *Panchen
Rinpoche.*

Nachdem sich der Orden der Kagyüpa über zwei
Oberhäupter namens *Karmapa* streitet, ist nun auch die
Linie des Panchen Lama gespalten. In Zukunft stehen
dem buddhistischen Erbe schwere Zeiten bevor. Ver-

—— *91* ——

mutlich wird die Verwirrung unter den Gläubigen zunehmen, denn zur chinesischen kommt noch die westliche Herausforderung hinzu. Was soll man von einem Mönch halten, der eine Red-Bull-Kappe trägt, in seiner Klause eine zweistöckige Hifi-Anlage benutzt und auf dem Altar neben dem Bild von Padmasambhava den alten Mao hängen hat?

Eins ist sicher! Drunten, in jenem kulturellen und spirituellen Vakuum, und auf Taiwan verspricht sich der klügere und jüngere Teil des chinesischen Volkes viel vom tibetischen Buddhismus. Außerdem wird der ökonomische und der Bevölkerungsdruck die Pekinger Regierung zum Einlenken zwingen. Vielleicht hat der chinesische Arzt, der seit elf Jahren in Deutschland lebt, recht. »Die Tibetfrage ist eine Frage in der Familie«, sagt er und ergänzt, »aber Tibet sollte man aus dem Staatsverband entlassen, weil es viel zu viel Geld kostet.«

Auch in Zukunft kommt keiner an der alten Frage vorbei: Ist es möglich, ein »ethnisches« Tibet innerhalb des Großraumstaates China zu schaffen? Jein! Erst wenn der Chinese seine Zivilisation nicht mehr für die einzig wahre unter dem Himmel hält und der Tibeter nicht mehr seinem Nationalismus nachtrauert, erst wenn jeder von beiden sagt: »Ich bin ich«, dann kann aus dem Jein ein Ja werden.

Suzerän oder souverän?

Lange bevor ein Abendländer das Dach der Welt erblickte, kursierte Märchenhaftes über goldgrabende Riesenameisen und eine Art Amazonenreich im Himalaja. Erste Vorstellungen verdanken wir Herodot, der im 5. Jahrhundert v. Chr. lebte, und Ptolemäus, der im zweiten Jahrhundert seine Welt in Atem hielt. Die frühesten ernsthaften Schilderungen über *Barantola*, wie Tibet bis ins 17. Jahrhundert in Europa hieß, stammen von dem Franziskaner Wilhelm von Rubruk, der 1253 im Auftrag des heiliggesprochenen Ludwig IX. das Reich der Mitte bereiste, um die dort herrschenden Mongolen für das Christentum zu gewinnen. Der Franziskanermönch erreichte nie das Dach der Welt, dafür schrieb er nieder, was ihm tibetische Lamas am Hofe Kubilai Khans in die Feder diktierten.

Aus der Sicht der alten Welt gilt der Portugiese Antonio de Andrade als Tibets Entdecker. Der Jesuit hatte 24 Jahre lang auf der westindischen Insel Salette bei Goa missioniert und anschließend als Superior in Agra. Antonio de Andrade und sein Mitbruder Marques betraten im August 1624 nach viermonatiger Reise erstmals tibetischen Boden, im damaligen, im äußersten Westen gelegenen Königreich Guge. Dort gründeten sie eine kleine Mission und blieben sechs Jahre lang. Im Wettstreit mit

Muslimen bekehrten sie in Tsaparang 300 Tibeter zum Christentum. 1630 gab es eine Revolte, die Gemeinde wurde versprengt, und Andrade starb durch einen Giftanschlag.

Dreißig Jahre später machten sich wieder zwei Jesuiten, der Österreicher Johannes Grueber SJ und der Belgier Albert d'Orville SJ, von Norden her auf den Weg. Johannes Grueber hatte sich am mandschurischen Qing-Hof als Mathematiker und Hofmaler große Verdienste erworben. Im Oktober 1661 erreichten sie Lhasa. Zu Pferd und zu Yak waren die beiden Gottespioniere von Peking über Sining am Westende der Großen Mauer nach Lhasa geritten. Der Jesuit aus Linz hinterließ herzerfreuende Zeichnungen und Notizen. »Lassa«, schreibt er, »das man auch *Barantola* nennt und das den Beinamen Hauptreich trägt, hat einen eigenen König. Das Volk ist ganz in häßliche Irrlehren verstrickt, und man verehrt verschiedene Götterbilder. Unter diesen hat ein besonderes den höchsten Platz, das sie *Manipe* nennen. *Manipe* trägt ein neunteiliges kegelförmiges Haupt von monströser Größe ... [Bodhisattva Avalokiteshvara, Anm.d.V.]. Vor diesem bringt das einfache Volk mit eigenartigen Gebärden seine Opfer dar, immerfort die Worte wiederholend: *O manipe mi hum!* Das heißt: *Manipe*, rette uns ... Diese Nation ist übrigens sehr schmutzig, weder Männer noch Frauen haben ein Hemd, sie schlafen ohne Bett auf dem Boden, essen rohes Fleisch und waschen sich niemals die Hände oder das Gesicht; ansonsten sind sie sehr zugänglich und fremdenfreundlich ... Sie tragen in einem goldenen Döschen den Unrat des Dalai Lama um den Hals, als Heilmittel gegen alles Böse.«

Als Maler verfügte Johannes Grueber über eine exzellente Beobachtungsgabe, als Christ war er in abendländische Vorurteile verstrickt. So ging er allen Ernstes davon aus, daß der Apostel Thomas die Lehre des Christentums nach Indien gebracht habe und daß die tibetische Religion, wenn nicht ein Teufelswerk, so doch ein Plagiat der christlichen Lehre sei. Womöglich weilte Grueber zu kurz in Lhasa, um mehr zu verstehen. Mit seinem Mitbruder reiste er bereits nach einem Monat über Nepal nach Agra aus. Nach der Gewalttour von 6200 Kilometern starb Albert d'Orville in Indien. Johannes Grueber erreichte wohlbehalten Rom. Allerdings vermochten seine Reiseberichte die Selbstgefälligkeit der abendländischen Welt nicht zu erschüttern. Für das erwachende Europa blieb Tibet eine unbekannte Größe. Der berühmte Jesuitengelehrte und Erfinder Athanasius Kircher stellte in seinem Werk *China monumentis illustrata* von 1667 noch die phantastische Theorie auf, daß die tatarische »Kalmak«-Wüste (Taklamakan) bereits in Indien beginne und sich bis zum Eismeer, ja bis in die Unterwelt erstrecke. Auf die Gottespioniere folgten italienische Kapuziner, die wegen ihres medizinischen Könnens von den Tibetern geschätzt wurden. Die Kapuziner wurden Zeuge der Rivalität zwischen den mongolischen Dsungaren und Khoshoten und erlebten mit, wie mandschurische Truppen die innere Ordnung und den auswärtigen Machtanspruch, die Suzeränität, des Qing-Hofes über Tibet wiederherstellten.

Angestachelt durch merkantile Gelüste, setzte im Jahre 1774 die eigentliche Entdeckung Tibets ein. Die britische East India Company entsandte den 28jährigen Schotten Georg Bogle nach Bhutan, um über wohlbedachte Umwege ins Schneeland vorzudringen. Privat kam der

Schotte recht gut zurecht. Er freundete sich mit dem Panchen Lama an und heiratete eine seiner Schwestern. Als Abgesandter erntete er allerdings Mißtrauen, kooperierte doch sein Empire mit den Gurkhas, die immer wieder in Südtibet einfielen. Georg Bogle starb 1781 in Kalkutta und geriet schnell in Vergessenheit. Nicht aber das Empire! 1864 griffen die britischen Kolonialisten zu einer List. Da sie den weißen Fleck Tibet erforschen wollten, staffierten sie indische Gelehrte, *Pandits*, als falsche Pilger aus. In ihrem Gepäck hatten die Inder, die von einem gewissen Nain Singh angeführt wurden, Taschen mit doppeltem Boden für technisches Gerät. Die Gebetsketten der falschen Pilger hatten statt 108 nur hundert Perlen, damit sie als Maßeinheit herhalten konnten. Alle hundert Schritte eine Perle, das ergab für eine abgezählte *Mala* 5,2 Meilen. Ihre Notizen und Skizzen versteckten sie in falschen Gebetsmühlen. Darin hatten sie auch kleine Kompasse verborgen. Für die Ermittlung von Höhen machten sie sich den Siedepunkt des Wassers zunutze. Ein Jahr und sechs Monate lange war die Gruppe unerkannt in Tibet unterwegs. Der Mathematiker und Astronom Nain Singh erreichte 1866 unerkannt Lhasa. Mit einem Sextanten und der Position des Polarsterns berechnete er den Breitengrad der Stadt. Ihre Höhenlage gab er mit 3566 Meter an. Alle Achtung, er hatte sich lediglich um 92 Meter vertan; die »Stadt der Götter« liegt offiziell 3658 Meter über dem Meeresspiegel. Der getarnte Erkundungstrupp zog weiter nach Westen, entdeckte Goldvorkommen und die Sensation, daß der Fluß Tsangpo mit dem Brahmaputra identisch ist. Als die Inder nach 18 Monaten Geheimexpedition ihren Kolonialherren Bericht erstatteten, gelangten ihre wissenschaftlichen Erkenntnisse schnell in die Hand von Militärs.

1840 entfesselten die Briten den Opiumkrieg gegen China, besetzten die Insel Hongkong und öffneten die Häfen von Kanton, Shanghai, Amoy, Fuzhou und Ningbo für den zerstörerischen Opiumhandel. Auch das tibetische Territorium blieb nicht ausgespart. 1886 marschierte die britische Macaulay-Mission von Sikkim aus ein und verjagte die Tibeter vom grenznahen tibetischen Territorium. Nun sah sich der schwache Qing-Hof von zwei Flanken angegriffen. Er entsandte einen Hochkommissar aus Lhasa nach Indien zu Verhandlungen. Um die Südflanke zu beruhigen, anerkannten die Mandschu das angrenzende Sikkim als britisches Protektorat. Dieses Zugeständnis weckte den Machthunger des Empire erst richtig. 1888 und 1903 kam es zu Aggressionen gegen Tibet, die den XIII. Dalai Lama (1876–1933) zur Flucht ins mongolische Exil trieben. Daß sich bei den Briten der merkantile und der militärische mit dem Spielertrieb mischte, belegt ihr Ausspruch *the great game* für die Eroberung des Himalaja. Im August des Jahres 1889 trafen zwei namhafte Expeditionen im Karakorum aufeinander: zum einen die Briten unter Leitung von Colonnel Francis Younghusband, zum anderen die Russen unter Hauptmann Gromschewskij. Diese Begegnung löste einen Wettstreit beider Großmächte um Tibet aus.

Wie ein abgewiesener Lüstling umschlich das Empire von nun an die kühle Schönheit Tibet – mit jedem Abblitzen aufdringlicher und besessener werdend. Schließlich ging es nicht mehr um Liebesgeplänkel, sondern um Besitzen. Im Dezember 1903 brachen Colonnel Younghusband und General Macdonald mit tausend Soldaten,

97

vier Feldhaubitzen, Maschinengewehren und Telegrapheneinheiten gen Norden auf. Ihr Kriegsgerät und Proviant schleppten 10 000 Träger, 7000 Maultiere und 4000 Yaks über den Himalaja. Als der schwerfällige Troß schon weit auf tibetisches Territorium vorgedrungen war, stellte sich ihm am 31. März 1904 eine Truppe von 1500 Schwert- und Säbelkämpfern sowie Bogenschützen in den Weg. Nach zehn Minuten Bedenkzeit ließen die Briten 700 Tibeter zusammenkartätschen. Aus ihren gewichsten Sätteln heraus ließen sie sogar mit den Feldhaubitzen auf die Fliehenden schießen. Die britische Expedition endete mit der blutigen Erstürmung des Dzong von Gyantse. Am 3. August marschierte die Truppe in Lhasa ein. Der Dalai Lama war längst in die Mongolei geflohen, von wo aus er den Zar gegen die Aggressoren gewinnen wollte.

Kurz vor dem Ende seiner bösen Reise überkam Colonnel Younghusband eine ungeahnte Reue – immerhin hatte seine Truppe 2700 Tibeter getötet. Eine Stunde vor seinem Abzug aus Lhasa schrieb er in sein Tagebuch: »Ein Hochgefühl wuchs und wuchs, bis es mich mit überwältigender Intensität durchschauerte. Niemals mehr konnte ich jemandem übelwollen oder gar Feindschaft gegen jemanden hegen. Die ganze Natur und die gesamte Menschheit erschienen in einem rosigen Strahlen. Diese eine Stunde vor dem Verlassen von Lhasa wog ein ganzes Leben auf.« Nach dieser Einsicht geriet der geläuterte Schlächter von Gyantse in die Kreise von Mystikern. Er hielt sich viel in Indien auf, besuchte Vorträge, die zu Ehren von Ramakrishna stattfanden, und reiste für die »Vereinigung der Religionen unter einer Bruderschaft der Menschen« werbend durch die Welt.

Auf den blutigen Spuren des Empire wagte das Zaren-
reich eine Annäherung. Auch bei diesem Tête-à-tête
wurde Tibet schändlich hintergangen. Ein russischer
Burjate namens Agwan Dorjiew, der dem lamaistischen
Glauben angehörte, trat – im Auftrag des russischen Ge-
heimdienstes – in das Staatskloster Drepung ein. Er ließ
sich als Mönch ordinieren und stieg später zum Lehrer
und Berater des Dalai Lama auf. Dorjiew mißbrauchte
die Gut-Gläubigkeit für ein schmutziges politisches
Spiel. Dreist behauptete er, daß der russische Zar die
Reinkarnation von Tsongkhapa sei, also die Wiedergeburt des berühmten Tibeters aus der Zwiebelregion, der
den Kampf gegen den sittlichen Verfall in den Rotmüt-
zen-Klöstern der Sakyapa aufgenommen und den Orden
der Gelugpa, die »Schule der Tugend«, gegründet hatte.
Letztendlich durchschaute man ihn und verwies ihn des
Landes.

Nachdem die Russen wie die Briten abgeblitzt waren,
begriffen sie endlich, daß sie in ihrem Werben um Tibet
das kaiserliche China berücksichtigen müßten. So kam es
1906 zu einer anglo-chinesischen Konvention, in der die
britische und die russische Regierung die Suzeränität
Chinas über Tibet anerkannten. Als Dankeschön erhielten die Briten das Recht zur Gründung von Handelsnie-
derlassungen in Gartok und Gyantse. Fortan hatten alle
Verhandlungen über Handel oder Grenzziehung über
den Kaiserhof zu laufen. Der chinesische Kaiser übernahm die Zahlung der vertraglich mit Tibet vereinbarten
Gelder für die britische Aufwandsentschädigung und un-
termauerte damit sein Mitspracherecht in tibetischen
Angelegenheiten. Um wenigstens im Ausland aus der
Verstrickung mit den Chinesen herauszukommen,

schlossen Großbritannien und Rußland am 31. August 1907 einen Vertrag, in dem nicht mehr von der »Souveränität«, sondern von der »Oberhoheit« Chinas über Tibet gesprochen wurde. In den nächsten sieben Jahren versuchten die Briten immer wieder, den tibetischen Adel gegen die chinesische Oberhoheit aufzuwiegeln.

Auf die Missionare, Militärs und Geheimagenten folgten zwei verwegene Forscher. 1908 drang Sven Hedin, ein guter Freund des geläuterten Francis Younghusband, als Schafhirte verkleidet nach Westtibet vor. Ursprünglich beabsichtigte er von Süden her nach Lhasa zu gelangen, doch diesen Wunsch hatten ihm bereits zwei Jahre zuvor die Briten verweigert. So verlor er viel Zeit, weil er in einem riesigen Bogen über Kaschmir nach Chinesisch-Turkestan und von dort durch die steinigen Wüsten nach Westtibet reisen mußte. In seinem Weltbestseller *TransHimalaja* beschreibt er die Nomaden: »Wie fahrende Ritter der Wildnis kamen sie auf uns zu, malerisch wild mit dem struppig schwarzen Haar, das ihnen auf Schulter und Rücken herabhing. Rauh und schmutzig, wie sie aussahen, waren sie doch freundlich und gutmütig.« Dank Sven Hedin wissen wir, wie beinhart eine Tibetdurchquerung einst war. Mit hundert Lasttieren war er aufgebrochen, mit zehn abgezehrten Mähren schleppte er sich nach Indien zurück. Auch wenn er die verbotene Stadt Lhasa nie betrat, bekam er doch eine Audienz beim Panchen Lama in Shigatse. Eine verwegene Frau, die Französin Alexandra David-Néel, hielt sich ab 1912 vier Jahre lang in Tibet auf, schrieb viel und nahm Zuflucht zum Buddhismus.

Im Jahr 1914 konferierten Großbritannien, China und Tibet im indischen Simla. Die Diplomaten der Republik

China waren mit der Behauptung angereist, Tibet gehöre seit 700 Jahren zum Reich der Mitte, ergo entscheide China über die Grenzziehung und vieles mehr. Nach langem Hin und Her gaben die Briten und Tibeter schließlich nach und akzeptierten eine Grenzziehung, die zwischen einem Inneren und einem Äußeren Tibet unterschied. Außerdem akzeptierten sie, daß dieses Äußere Tibet der abgestuften Suzeränität Chinas unterstand. Nach sechsmonatigem Gezerre einigte man sich auf die nominelle chinesische Oberhoheit über Tibet, was de facto einem Protektorat gleichkam. Zufrieden unterzeichnete die chinesische Delegation unter Ivan Zhen den mühsam ausgehandelten Kompromiß – aber ohne Nutzen. Die Regierung in Nanking stellte sich gegen die eigene Delegation und verweigerte die Paraphierung. Historisch ist die fehlende Unterschrift bedeutsam, denn die Simla-Konvention bildet bis heute eine solide Rechtsgrundlage dafür, daß Tibet de jure als ein souveräner Staat anzusehen ist. Schließlich endete die Konferenz damit, daß Sir Henry McMahon, der britische Unterhändler, vollmundig kundtat: »Tibet ist autonom.« Gleichzeitig aber akzeptierte er, daß China einen Hochkommissar und dreihundert Soldaten in Lhasa stationierte. Noch bevor seine Delegation nach London abreiste, unterzeichnete er mit den Tibetern eine bilaterale Note, die beide Seiten an die Abmachungen der nicht unterzeichneten Simla-Konvention band. Mit diesem geschickten Schachzug arbeitete Sir McMahon hinter dem Rücken der Chinesen emsig an der britisch-tibetischen Annäherung – und an der fragilen Hongkong-Frage: dem Wohlergehen der britischen Kronkolonie am Großen Zeh des chinesischen Riesen.

Schon bald sollten sich die ersten Früchte zeigen. Tibet trat der International Postal Union bei, ein *schoolmaster* wurde für die englische Schule in Gyantse berufen, und am Lhasa-Fluß bauten britische Ingenieure ein Wasserkraftwerk. Dabei aber blieb es! Zu viel Blut war geflossen und zu viel imperialistische Arroganz hatten die Tibeter erlebt, um ihre Fremdenfeindlichkeit aufzugeben. Die britische Modernisierung wurde gestoppt, und der Dalai Lama ließ die englische Schule für Adelskinder wieder schließen.

Kaum traten die Briten mit den Tibetern – nun endlich als gleichberechtigte Partner – in neue Verhandlungen ein, kam es zu einem Zerwürfnis zwischen dem prochinesisch orientierten IX. Panchen Lama und dem XIII. Dalai Lama. Weil er sein Leben bedroht sah, floh der Panchen Lama 1923 in die Mongolei. Er sollte nie wieder nach Tibet zurückkehren. 1944 wurde seine Reinkarnation aus einem Kreis von drei Jungen ausgewählt und in Shigatse als X. Panchen Lama inthronisiert. Keine zwei Jahre später paßte den Mönchen und dem Abt von Sera die Regentschaft des XIV. Dalai Lama nicht. Das Staatskloster verweigerte der Regierung in Lhasa den Gehorsam, es kam zu Kämpfen.

Im Ausland sorgten Indien, Großbritannien und später die USA mit ihrer Doppelstrategie für Verwirrung. De facto behandelten sie Tibet wie einen unabhängigen Staat, de jure anerkannten sie Chinas Suzeränität und somit Tibet als Teil Chinas. Auf die Panasien-Konferenz von 1947 beabsichtigten die Briten Tibet als eigenständigen Staat einzuladen. Doch kaum protestierten die teilnehmenden Chinesen, lud man die Tibeter wieder aus und ließ die tibetische Nationalflagge vom Tagungsort in

Neu-Delhi entfernen. 1948, ein Jahr vor Gründung der Volksrepublik China, manövrierten sich die Londoner Doppelstrategen in eine recht verzwickte Lage hinein.

Um den Außenhandel zu beleben, bricht eine tibetische Delegation in Lhasa auf und reist via Hongkong in die USA. Die Tibeter legen bei der Einreise in die britische Kronkolonie ihre tibetischen Reisepässe vor und erhalten diese mit einem drei Monate gültigen Einreisevisa gestempelt. Die Tibeter fliegen ab, sprechen in Washington vor und finden großen Gefallen an Amerika. Sie verschätzen sich in der Zeit, die Visa laufen ab. Nichts Böses ahnend, wollen sie ihre Visa verlängern lassen, um alsbald nach Großbritannien weiterzufliegen. Doch die britische Botschaft lehnt es ab, die Visa routinemäßig zu verlängern. Unterdessen haben die Chinesen von der Angelegenheit Wind bekommen. Polternd betreten sie das diplomatische Parkett und werfen Großbritannien vor, daß es mit dem Abstempeln tibetischer Pässe seine festgeschriebene Position, Tibet sei de jure ein Teil Chinas, verletzt habe. Kleinlaut, wohl aus Angst wegen Hongkong, entschuldigen sich die Briten bei den Chinesen und versichern, sie würden in Zukunft keine Visa mehr in tibetische Pässe stempeln, sondern nur noch auf ein loses Beiblatt. Dieses Zugeständnis empört die tibetische Delegation, sie droht damit, Großbritannien nicht zu besuchen. Jetzt steckt London wirklich in der Zwickmühle. Nur durch einen unbürokratischen Handstreich gelingt ein Happy-End: die gestempelte Dreimonatsfrist im Visum wird durchgestrichen und durch eine handschriftliche Neunmonatsfrist ersetzt.

Zwei Jahre nach diesem peinlichen Vorfall ließ die neue kommunistische Regierung Chinas ihre Armee in

Lhasa einmarschieren. Im November 1950 beantragte El Salvador in der UNO eine Debatte über die Aggression. Das winzige El Salvador, das als einziges Land den Übergriff verurteilte, stellte den Antrag, die Generalversammlung möge das große China als Aggressor verurteilen. Der britische UNO-Vertreter widersprach, die Rechtslage sei überaus verwirrend. Zusammen mit Indien verhinderte er, daß der chinesische Truppeneinmarsch überhaupt diskutiert wurde. Da sich die anderen Staaten der Stimme enthielten, kam es zu keiner Debatte. Nach dem großen Volksaufstand und der Flucht des Dalai Lama beriet die UNO im Oktober 1959 erneut über den völkerrechtlichen Status von Tibet. Doch auch diesmal herrschte nichts als Verwirrung, und die Entscheidung wurde auf unbestimmte Zeit verschoben. Eines wurde klar: Schuld am ganzen Hin und Her über den völkerrechtlichen Status von Tibet ist und bleibt die jahrzehntelange Doppelstrategie des Westens.

Das Seemannsgarn der heimgekehrten Militärs und Handelsreisenden hatte die Weltenbummler aufhorchen – und zu einem der letzten Abenteuer aufbrechen lassen. Ihre glühenden Reiseberichte wiederum schürten den Tibet-Mythos. Im Jahr 1933 hatte James Hilton in *Lost Horizon* den sagenhaften Namen »Shangri-La« für Tibet publiziert und die uralten platonischen Träume von Atlantis geweckt. Seine Suche nach dem Lebenssinn und einer Rezeptur gegen die Geißel des Alterns ist als Buch neu aufgelegt und verstärkt im Esoterikreigen die Weltuntergangsstimmung. Ebenfalls 1933, als »ein Modergeruch von Auflösung … über der ganzen Welt schwebte«, hatte der deutsche Tibetologe Wilhelm Filchner das Dach der Welt bereist, wo er erdmagnetische und topographische Forschungen anstellte. 1934 unternahm die von Heinrich Himmler ins Leben gerufene SS-Forschungs-stätte »Ahnenerbe« eine Expedition nach Osttibet. Der leitende Zoologe Ernst Schäfer glaubte, daß Tibet der Zufluchtsort einer »arischen Wurzelrasse« sei. Als schnel-ler Beleg diente dem deutschnationalen Gelehrten das Hakenkreuz. Tatsächlich symbolisiert die rechtsgedrehte *Swastika* (abgeleitet von *svasti* »Glück, Heil«) das Rad der buddhistischen Lehre. Linksgedreht ist es Symbol der Bön-Religion. Wohlgemerkt, der Buddhismus war im Dritten Reich verboten.

Ein vertrauter Name ist Heinrich Harrer. Der Öster-reicher geriet als Mitglied einer Nanga-Parbat-Expedi-tion 1939 in britische Gefangenschaft, nachdem das Deut-sche Reich England den Krieg erklärt hatte. 1944 floh er zusammen mit Peter Aufschnaiter aus einem Internie-rungslager in Indien über den Himalaja nach Tibet, wo beide sich in Lhasa niederließen. Harrer und Aufschnaiter arbeiteten als Geodäten, zeichneten einen fundierten Stadtplan und verbesserten durch den Bau einer städti-schen Kanalisation die Hygiene. Heinrich Harrer unter-richtete auch den jungen Dalai Lama. 1951 flohen die bei-den Österreicher vor den chinesischen Truppen aus Lhasa.

Viele Namen sind verblichen oder leben nur noch in Altherrenkreisen und Zirkeln fort. Unvergessen ist das Werk von Lama Anagarika Govinda alias Ernst Lothar Hoffmann. Der Sohn eines Deutschen und einer Bolivia-nerin promovierte an der Universität Freiburg zum Dok-tor der Philosophie. Später begab er sich nach Indien und Tibet, wo er zum Lama wurde und in einer karmischen Begegnung seinen Meister fand.

—— *105* ——

In der Milchebene

Eine Unterbrechung tut meistens gut. Warum also auf einer Asienreise nicht in Nepal stoppen und mal kurz nach Lhasa jetten? Viele junge Amerikaner und immer mehr ältere Japaner lieben die Unterbrechung, diese Art »Hoppa«, weil sie einen nicht in Verbindlichkeiten zwängt. Wer also für vier Tage aus Kathmandu mit dem Monopolcarrier Southwest China Airlines einreist, sollte einen Sitzplatz auf der linken Kabinenseite ergattern, denn hier fliegt er auf Nasenlänge am Everest, am Lhotse und am Makalu vorbei. Beim Rückflug muß es natürlich die andere Seite sein.

Leider wird man auch beim Kurztrip ausgebremst. Länger als der knapp einstündige Flug dauern die Einreiseformalitäten. Die jungen Amerikaner, die von einem Bergstiefel auf den anderen treten, und die älteren Japaner mit ihrem hektischen Fächergewedel, sie alle werden von Hand im Computer gespeichert. Eine Engelsgeduld müssen die Exiltibeter aufbringen. Höflich werden sie in eine verhängte Kabine komplimentiert, wo sie, ihre übermüdeten, plärrenden Kinder zwischen den Beinen, Formulare über ihre Herkunft, ihren Beruf und die Besuchsadresse in Tibet ausfüllen müssen.

Sitzt der Kurzreisende endlich im Minibus, darf er sich auf eine abwechslungsreiche Fahrt, vorbei an windgeschüttelten Pappeln und Raps- oder Gerstenfelder freuen. Oberhalb des erstaunlich grünen Talgrunds ziehen sich Sanddünen die Schotterhänge hinauf. Diese Hänge beeindrucken weniger durch ihre Höhe als durch ihre kulissenartige Auftürmung und das schnelle Spiel von Sonnenlicht und Wolkenschatten. In Gedanken kann man sich ausmalen, wie sich andere Lhasa-Reisende quälen. Zum Beispiel die Bustouristen, die aus Golmud in der Provinz Qinghai anreisen. Für ihre 1214 Kilometer lange Fahrt sind sie bis zu siebzig Stunden ohne Übernachtung unterwegs. Oder jene, die eingequetscht im Flieger die 2413 Kilometer von Chengdu zurücklegen müssen. Wer also vom Konggar-Airport die 98 asphaltierten Kilometer im Taxi oder Minibus zurücklegt, der kann die Fahrt auf gut 3600 Höhenmetern zurückgelehnt genießen. Schnell wird er feststellen, daß er auf eine Sonnenstadt zufährt. Die Chinesen, bekannt für ihren Hang zum Zahlenfetischismus, haben herausgefunden, daß in Lhasa 3031 Stunden im Jahr die Sonne scheint. Was sie allerdings geheimhalten, ist die Zahl der Bewohner. Darüber kursieren nur Gerüchte. Von 200 000 bis 300 000 Bewohnern sprechen Tibeter. Die Mehrheit sind eindeutig Chinesen. Hunderttausend VBA-Soldaten sollen darunter sein. Tendenz steigend! Von 5000 Zuwanderern im Jahr ist die Rede. Tibets Hauptstadt ist für Chinesen attraktiv, es gibt Zulagen, die Löhne und Profite sind höher, und die Ein-Kind-Politik wird eher lax gehandhabt. Von 31 000 Kleinunternehmen sollen inzwischen 26 000 in chinesischer Hand sein.

Lhasas baumgesäumte, betonierte Ausfallstraßen sind wahre Landebahnen, eingezäunt mit rot-weiß gestrichenen Eisengittern und an den Kreuzungen mit weißen

Zebrastreifen markiert. Die Gitterparade läßt jeden aufatmen, der sich noch vor drei Stunden durch Kathmandus überquellende Gassen quälte. Und aus Blumenbeeten ragen hier sogar Leitplanken empor. Die Stadtverwaltung liebt es sauber, aufgeräumt und glatt. Tibeter mit weißem Mundschutz fegen das Trottoir, über dem gegen Abend Chinarestaurants ihre Lampions entzünden und Chinesenmädchen mit Schärpen über der Brust einladend winken. Zur Mittagszeit schiebt sich der Verkehr durch eine Geräuschkulisse aus Menschengeschrei, scheppernden Klängen aus Kassettenrecordern, Gelächter, Gehupe, TV-Gebrüll und Videogame-Gekreische. Ins Auge springt ein immer wieder auftauchendes PKW-Modell in altbackenem abendländischem Design. Die Marke heißt *Santana*, war in Deutschland ein Flop und wurde in Shanghai ein Renner. Diese häßliche Abgasschleuder bevölkert in Schwärmen die Straßen. Ob braunrot, olivgrün, silbergrau oder anthrazit, die angeblich 1400 Santana-Taxis rollen zum Einheitspreis von zehn Yuan durch die ganze Stadt. Ja, das ganze Transportgeschehen erinnert an sozialistische Gleichmacherei. Auch die Polizisten, die mit ihren roten Richtungswimpeln an jeder Großkreuzung herumfuchteln.

Über den verklinkerten Fassaden und den Dächern von Plattenbauten, die sich an den Ausfallstraßen aufreihen, werben riesige Reklametafeln und grelle Inschriften. Nescafé aus Kanton, Star-Bier aus Singapur, Kitkat aus den USA, Sun-Waschpulver aus Hongkong und, und, und ... Wer soll das konsumieren, geschweige denn bezahlen? Der Mensch aus dem Westen erfaßt es sofort, soviel Werbung schlägt sich gegenseitig tot und macht apathisch.

—— 108 ——

Das Wesen der Chinesenstadt ist schnell durchschaut: ein reichhaltiges, aber immergleiches Angebot in Warenhäusern, Clubs des »leeren Orchesters« (in Japan *Karaoke*, in China *OK* genannt), Restaurants, Imbißbuden und Allerweltsläden, wo es selbst Bordeaux-Weine und Cognac für viel Geld zu kaufen gibt.

Das pulsierende Herz des modernen Lhasa ist die alte Tibeterstadt. Hier und in der Weichzone leben rund 60 000 Tibeter. Tendenz abnehmend! Die eine Herzkammer ist der Barkhor, der »Mittlere Umrundungsweg«, die andere Herzkammer der heiligste aller Tempel, der Yokhang. Hinter seinen Mauern leben 150 Gelugpa-Mönche und ein Kagyüpa-Mönch. Nirgendwo in Tibet werden so viele Butterlampen geopfert, nirgendwo sind die Buddhas so heilig und nirgendwo ist der Boden so speckig wie an diesem sakralen Ort, vor dessen verschlossener Pforte die Gläubigen ihre Niederwerfungen praktizieren. Die einen vergleichen den Ort mit einem großen Butterfaß, die anderen mit einem Mutterschoß, weil seine tausend Jahre alten Mauern Geborgenheit und Wärme spenden. Tatsächlich fühlt man sich in seinem Inneren, als würde einen Mutter Erde empfangen. Der Ort gibt einem das richtige Maß an Wärme, das der Sonne fehlt. Bis auf einzelne besonders dreiste Exemplare der chinesischen Rasse, die auch hier noch in ihr Handy brüllen, sind alle Yokhang-Besucher andächtig und gerührt.

Beim Eintritt in die dunkle Halle *Tsug Lha-Khang* erschrecken einen die zornigen Raksha-Gottheiten von links und die friedvollen Schlangengottheiten, Nagas, von rechts. Inmitten des abgezäunten Andachtsraumes, vom Lichtgaden spärlich erhellt, beruhigt einen linker

Hand die Statue des indischen Magiers Padmasambhava (»Der aus dem Lotos Geborene«), von den Tibetern Guru Rinpoche genannt, und rechter Hand Buddha Maitreya in seiner Bodhisattva-Emanation. Aber die bedeutendste Statue versteckt sich im hinteren Teil, in einem Schreinraum, der meist mit einem Kettenvorhang verschlossen ist. Selbst Ausländer, die im Zwanzigminutentakt in Gruppen durch den Tempel geführt werden, neigen andächtig ihr Haupt vor *Jobo Shakyamuni*, während die tibetischen Pilger *Jälwa*, eine tiefe innige Verehrung, vollziehen. Obwohl beim Rundgang in andächtigem Flüstern auf das hohe Alter des Yokhang hingewiesen wird (Songtsen Gampo ließ ihn im 7. Jahrhundert erbauen), ist gewiß, daß große Teile in der Kulturrevolution zerstört wurden. Von den Figuren haben lediglich der Jobo-Buddha und die Lehmstatuen der Dharma-Könige die mutwillige Zerstörung überlebt.

Der Umrundungsweg, der Barkhor, ist weit weniger eine heilige als eine profane Stätte. Wer das im Uhrzeigersinn gedrehte Barkhor-Karussell betritt, muß aufpassen, daß ihm das Warenangebot nicht den Kopf verdreht. Viele der versilberten Gebetsmühlen, der bronzenen Klangschalen, Glocken und Glöckchen, der Gebets- und Schmuckketten aus Türkisen und Korallen sind made in Nepal, Indien oder Taiwan. Skrupellos wird dem ahnungslosen Touristen versichert: alles original und very old. Woran erkennt man falsche Korallen? An ihrer allzu regelmäßigen Schlierenstruktur und daran, daß Hautschweiß ihr Dunkelrot in Rosarot verwandelt. Die besseren Kopien sind aus gepreßtem Korallenstaub, die minderwertigen aus gefärbtem Glas. Die Händlerinnen verlangen für eine in Nepal gefertigte Gebetskette aus

Yak-Knochen (die dreist als alttibetisch und elfenbeinern ausgegeben wird) 350 Yuan. Durch zähes Handeln wechselt sie schließlich für 20 Yuan den Besitzer. Ursprünglich sollte eine echte Türkiskette 800 Yuan kosten, heruntergehandelt wurde sie auf den fairen Preis von 230 Yuan.

Wer Lhasa von mehreren Reisen kennt, muß feststellen, daß das Angebot immer geschmackloser und wertloser wird. Barkhor-Läden mit Niveau, zum Teil von Nepalesen betrieben, sind wieder verschwunden. Verschwunden sind auch die kolorierten Dalai Lama-Fotos, die es noch 1993 zu kaufen gab. Die Zensur erlaubt nur Buntbilder vom verstorbenen Panchen Lama und vom jungen Karmapa.

Auf dem belagerten Pflaster des Barkhor herrscht von früh bis spät ein lautes reges Treiben. Abends gegen acht Uhr, wenn die himmelblauen, numerierten Blechstände abgeräumt werden, schlägt die Stunde der fliegenden Händler. Auf Plastikplanen breiten sie minderwertige Synthetikwaren und Devotionalien aus, die sie mit Megaphongebrüll dem eilenden Umrundungspublikum anpreisen. Wen die krächzende Anmache stört, der besuche den Nachtmarkt entlang der neuen Straße am Volkskrankenhaus im Osten des Potala. Hier singt eine heitere Männerstimme »Potala« und der Marktbesucher sänge am liebsten mit, würde der Kassettenrecorder nicht so eiern, denn »Potala« klingt enorm zupackend, enorm tibetisch. »Potala« ist der Song der Saison!

Am Fuße des Potala-Berges war es noch nie so sauber und aufgeräumt. Die Baracken und Souvenirbuden wurden geschleift, das schamlos zur Schau gestellte MIG-Kampfflugzeug vom Parkgelände entfernt. Dafür ließ die

Stadtverwaltung eine Mauer in traditionellem Stil und ein Stupa nach historischem Vorbild errichten. Wer Peking kennt, dem kommt das Ganze irgendwie bekannt vor. In der Tat, am Fuß des Potala wurde ein kleinformatiger Tian'anmen-Platz mit roter Staatsfahne und Armeepräsenz geschaffen. Solche Art Sanierung ist zukunftsträchtig, so fing es vor zwanzig Jahren in Peking und Shanghai an. Die Stadt wird ausgekehrt und rundgeschliffen, um später als Fly-in-Metropole Allerweltstouristen anzulocken. Eines Tages wird zum Besuch des »Buddha-Museums« kein Permit mehr nötig sein.

Noch mißtrauen sie den Touristen auf Schritt und Tritt. Im Potala glotzen Videokameras aus den Ecken, vor den alten Freskomalereien halten Holzgatter und Stoffbänder die Besucherscharen auf Abstand, und selbst die Säulen der Hallen sind mit weißen Tüchern verhängt, um die alten Schnitzereien zu schützen. Trotzdem geschah im Sommer 1999 ein raffinierter Kunstraub. Einige Ausländer erschlichen sich das Vertrauen der aufpassenden Mönche und fotografierten alte Thangka in den Schreinen und Audienzhallen. Mit den belichteten Filmen reisten sie nach Nepal aus und ließen in Kathmandu die antiken Rollbilder nachmalen. Mit den Fälschungen im Gepäck kehrten sie zurück und vertauschten diese gegen die Orginale. Im letzten Moment wurden die Betrüger von den chinesischen Behörden verhaftet.

Ein Besuch im Potala ist ein gutes Herz-Kreislauf-Training, denn zur Dalai Lama-Residenz gelangt man nur über Treppenrampen und allerhand Stufen. Der dreizehnstöckige Winterpalast erhebt sich 110 Meter über der Stadt auf dem roten Berg Marpori. Schwebten

nicht goldene Dächer in elegantem Schwung über dem
tiefroten Zentralpalast, gliche das Ganze eher einem Fe-
stungsverlies als einer erlauchten Residenz. Im Innern
fügt sich ein Gewirr von 999 Räumen, mal groß, mal
klein, verbunden mit atemberaubend steilen Holztrep-
pen, ineinander. Dem Himmel am nächsten liegen die
Privatgemächer des XIV. Dalai Lama. Seine zurückgelas-
senen Utensilien werden hier abgeschirmt und hinter
verdunkelten Fenstern aufbewahrt. Wie groß die Verehrung der Tibeter ist, zeigen die Berge von weißen Kha-
taks, die täglich weggeräumt werden müssen. Auch wenn
ihre riesigen goldenen Stupas emporragen, der Geist der
Dalai Lamas lebt in diesem Museum nicht fort. Das Ne-
onlicht, das Flüstern der Besucher, die tintenblauen Ar-
beitskittel der Wächtermönche, die Überwachungska-
meras, die Absperrungen und die Teilnahmslosigkeit der
Pandabärchen, die als Müllschlucker überall herumste-
hen, verbreiten eine bedrückende Stimmung, in der
nicht einmal auffällt, daß die Gemächer des rebellischen,
auf Unabhängigkeit bedachten XIII. Dalai Lama meist
verschlossen sind. Auch die Fotogebühr von 90 Yuan in
jedem der verhängten Audienzsäle vermag die Stimmung nicht zu heben. Aber all das den Chinesen anzu-
lasten wäre falsch, denn die Führungen der tibetischen
Guides sind nur Zahlenhuberei. Zwar weiß man nach
einem Rundgang, daß der Stupa des V. Dalai Lama 15 Meter hoch und mit Gold verkleidet ist, aber den Unterschied
zwischen der Grünen und der Weißen Tara konnte keiner
erklären.

Als Gegenstück zum monumentalen Potala-Museum
sei das puppenhaft kleine Höhlenkloster Dralha Lubuk
am Fuß des Cagpori empfohlen. Man braucht keinen

Kompaß, um den »Eisenberg« zu finden. Wo heute der Gittermast von Tibet-TV den Cagpori verunziert, stand früher die Tibetische Medizinschule. Ein zweiter Sende-turm, der Turm von Lhasa-TV, ragt im Osten empor. Nahe der Stupa an der Beijing Road, der Hauptstraße, zweigt ein unscheinbares Seitensträßchen nach Süden ab und führt direkt unterhalb der Felswand entlang. Von dort weisen steile Stufen zu einer Grotte hinauf, die einst Songtsen Gampo zur Meditation gedient haben soll. Als Statue sitzt der große König rotgewandet zwischen sei-nen beiden Hauptfrauen, der nepalesischen und der chi-nesischen Prinzessin im Fels.

Vor 1400 Jahren verlegte Songtsen Gampo seinen Pa-last hierher, wo sich einst ein beachtlicher See erstreckte. Die Legende erzählt, daß die nepalesische Königsgattin Bhrikuti den »See in der Milchebene« trockenlegen las-sen wollte. Tagsüber kam die Arbeit gut voran, nur nachts gewann das Wasser wie durch einen Spuk wieder die Oberhand über die Erde. Der Königshof verlor den Mut, schon wollte man die Erdarbeiten einstellen. Da er-kannte die chinesische Königsgattin Wencheng in einer Trance, daß der See nicht aus gewöhnlichem Naß bestand, sondern aus Blut, aus dem Herzblut einer nicht-buddhistischen, über ganz Tibet liegenden Dämonin. Wencheng beherrschte die chinesische Kunst, Räume, Landschaften und Gebäude als Energiefelder zu be-greifen, und als *feng shui*-Meisterin verstand sie es, den Energiefluß *qi* zu lenken. Kaum, daß sie einen Goldring ins Wasser geworfen hatte, tauchte ein weißer Stupa aus dem Blau auf, verschwand aber kurz darauf wieder. Da der Ring anscheinend zur Energielenkung nicht aus-reiche, befahl sie, den See erneut mit Erde, *sa,* aufzu-

schütten. Doch diesmal wurde die Erde – das erste der
fünf Elemente – auf dem Rücken von Ziegen, *ra*, transportiert, denn diese Tiere gelten als Emanation der
buddhistischen Schutzgottheit Damcen. Der störende
See verschwand in langer Arbeit, und es entstand der Ort
rasa, der »Ort der Ziegen«, dem die Nachwelt den Namen Lhasa gab. Viel deutlicher als der wasserarme Lhasa
River (Kyichu), der zum Bewässern und Autowaschen
herhalten muß, erinnern die äsenden Ziegen an jene
Sage vom See in der Milchebene.

Vom Flußufer ist es nur einen Katzensprung zum
Sommerpalast Norbulingka. Auf dem Golddach des »Ju-
welengartens« beschützen zwei Gazellen das Rad der
Lehre Dharmacakra. Klar, sie symbolisieren Buddhas
erste Belehrung im Gazellenhain von Benares. Aber was
sagt uns das Rad? Kein Halt, kein Stillstand, sondern
Mobilität, Fortbewegung und Wandel. Der Wandel ist
das Elementare der buddhistischen Philosophie.

Die Tage in Lhasa vergehen wie im Flug. Was bleibt
noch zu sehen? Vielleicht die Moschee? Ihr Minarett
weist den Weg. Die Moschee wurde von Muslimen der
Hui gegründet. Diese Minorität lebt traditionell in der
Inneren Mongolei und in der Autonomen Region Xin-
jiang im Nordwesten Chinas. Die Hui kamen zur Zeit
der Mongolen als Metzger und Händler nach Tibet. Eine
weitere Sehenswürdigkeit, ein Muß, ist der Markt. Er
drängt sich in den Gassen zwischen Barkhor im Süden
und East Beijing Road im Norden, nur wenige Minuten
vom Yokhang entfernt. Zum Marktbummel gehört auch
ein Besuch im neuen Warenhaus. Ebenerdig verkaufen
Tibeterinnen die goldgelbe Butter und Muslime das
schwarzrote Fleisch vom Yak. Auf dem Dach spielt die

—— 115 ——

Jugend unter Sonnenplanen Billard. Ein Besuch der Bank of China nördlich des Denkmals der goldenen Yaks ist zwar reine Zeitverschwendung, doch manchmal unumgänglich. In der gläsernen Schalterhalle herrscht zwar noch immer der Geist des Abakus, aber hier kann man anstandslos Geld wechseln und bekommt auch gegen Vorlage von Kreditkarte und Reisepaß Bargeld, sogar US-Dollars. Während chinesische oder tibetische Schalterdamen vier oder fünf Formulare ausfüllen und kontrollieren, wartet am Absperrgitter bereits der Santana. Endlich ist der Kurzreisende wieder flüssig und eilt zum Taxi.

Unsere Stippvisite nähert sich ihrem Ende, die älteren Japaner kehren mit Souvenirs bepackt ins Lhasa-Hotel, vormals Holiday Inn, am westlichen Stadtrand zurück. Die jungen Amerikaner ins Banak Shöl, ins Yak oder ins Snowland in der Tibeterstadt. Im Banak Shöl begegnen sie den Travellern, die hier von ihren Rucksackabenteuern verschnaufen. Im weitläufigen Banak Shöl an der East Dekyi Road treffen sie auch Neu-Hippies, die staunend von Alt-Hippies lernen.

Von Lhasa aus zu erreichen und sehenswert ist Sera. Das Gelugpa-Kloster liegt fünf Kilometer nördlich der Hauptstadt in einer sonnigen Ebene. Sera wurde 1419 als Klosteruniversität gegründet und unterhielt bis ins 17. Jahrhundert enge Beziehungen zum chinesischen Ming-Reich. Die Kontakte zwischen dem Abt von Sera und dem Kaiser von China sorgten allerdings für Spannungen innerhalb des Ordens und schürten die Konkurrenz zwischen den Klosteruniversitäten von Sera und Drepung. Noch zu Beginn des 19. Jahrhunderts studierten hier 6600 Mönche. Die ehemalige »Flüchtlingsfakultät« ist ein

Indiz für die Querelen innerhalb des Klerus. Gegründet wurde sie von einem Lama der Nyingmapa-Schule, der aus Drepung fliehen mußte. Einen Kilometer westlich von Sera liegt Phabongkha, einst Meditationsstätte von König Songtsen Gampo. Noch bevor er den Grundstein für den Potala und den Yokhang gelegt hatte, stand hier im 7. Jahrhundert sein neunstöckiger Palast.

Die Klosterstadt Drepung liegt zehn Kilometer westlich von Lhasa, gleich hinter dem Industriegebiet. Drepung entstand drei Jahre vor der Klosteruniversität Sera. Früher lebten in diesem größten Kloster Tibets über 10 000 Mönche. Drepung war auch Residenz der Dalai Lama und politisches Zentrum der Gelugpa. Im »Freudvollen Palast« ernannte Gushri Khan, von 1636 bis 1656 Herrscher über die mongolischen Khoshoten, den V. Dalai Lama zum geistlichen und weltlichen Oberhaupt Tibets. Das geschah im Jahre 1642. Viele der tibetischen Besucher kriechen unter den Holzregalen, auf denen die heiligen Schriften des Kanjur lagern, hindurch. Mit dieser Geste wollen sie erreichen, daß die Weisheit der »Übersetzung des Wortes« auf sie übergeht.

Einen Steinwurf südöstlich von Drepung liegt das kleine Kloster Nechung. Nechung, im 14. Jahrhundert gegründet, wurde ab dem 17. Jahrhundert in ganz Tibet berühmt, denn hier befand sich bis 1959 das Staatsorakel, das als Medium zwischen Götter- und Menschenwelt verstanden werden muß. Durch das Orakel artikulieren sich die uralten, vorbuddhistischen Schutzgottheiten Dharmapala. Die Verbindung zur Menschenwelt hielten einst 115 ausgewählte Mönche. Heute residiert das Orakel im Exilkloster Nechung im indischen Dharamsala. Die Legende erzählt, eine Frau habe das Orakel in eine

Kiste gepackt. Ein Mönch, der diese transportierte, wunderte sich über das Gewicht, stellte die Last ab und öffnete den Deckel. Kaum hatte er ihn angehoben, flatterte eine Taube heraus und ließ sich auf einer Birke nieder. Der Freiheitsdrang des göttlichen Tieres wurde dahingehend interpretiert, daß die Gottheit ihren heimischen Ort selbst bestimmen wolle. So erhielt der Platz an der Birke den Namen Nechung, »Kleiner Ort«.

Ganden. Die 1416 von Tsongkhapa gegründete Gelugpa-Klosterstadt liegt 62 Kilometer nordöstlich von Lhasa auf einem Bergkamm. In der Kulturrevolution zerstörten die Roten Garden 200 Mönchsbehausungen und sakrale Hallen. Inzwischen sind rund siebzig rekonstruiert. Die Roten Garden schändeten auch den goldenen Reliquienstupa, in dem sich ursprünglich die Mumie von Tsongkhapa befand. Vor den Mönchen von Ganden haben die chinesischen Behörden Respekt, sie gelten als besonders Dalai-Lama-treu und rebellisch.

Tsurphu. Von Lhasa fährt der Landcruiser in westlicher Richtung nach Yangpacen. Nach 35 Kilometern biegt der Fahrer von der Hauptstraße nach Golmud ab, überquert eine Eisenbrücke und kämpft sich auf einer ausgewaschenen Piste 40 Kilometer bergauf. Hoch in einem Bergtal auf 4400 Metern liegt das Stammkloster der Kagyüpa. Hier residierte bis zum Jahreswechsel 2000 der zweithöchste Lebende Buddha Tibets, der XVII. Karmapa. Mit nur vierzehn Jahren flüchtete Urgyen Thinley Dordsche im Dezember 1999 aus Tsurphu und überquerte mit seinen Leibmönchen den Himalaja nach Nepal und reiste sofort weiter nach Indien. Zum großen Erstaunen der Weltöffentlichkeit tauchte er in Dharamsala auf, wo er sich sogleich mit dem Dalai Lama zu einem

—— *118* ——

Gespräch unter vier Augen traf. Die abenteuerliche Flucht brachte die chinesischen Behörden und die Kommunisten in Zugzwang, denn das Kind Urgyen Thinley Dordsche hatte jahrelang als Aushängeschild einer scheinbar offenen Religionspolitik gedient. Tatsächlich aber hatten sie seinen Lehrern die bei der Inthronisation zugesagte Einreise von Indien nach Tibet verweigert und ihn von den wichtigen Belehrungen der Kagyü-Linie abgeschnitten. Zwei Jahre übte er sich in Geduld, dann entschied er sich zur Flucht. Wann oder ob er überhaupt wieder nach Tibet zurückkehren wird, ist ungewiß. Die Karma Kagyü-Linie durchlebt also eine schwere Zeit. Vermutlich auf länger werden nun ihr Stammkloster und die neugebauten Klosteruniversitäten Shedra verwaist bleiben. Kloster und Shedra waren in Kooperation mit dem Tibet Development Fund (TDF) errichtet worden. Es war der X. Panchen Lama, der diesen Fonds ins Leben gerufen hatte, um die zerstörten heiligen Stätten Tibets wieder aufzubauen.

Schwere Zeiten aber auch, weil außer dem geflohenen Tsurphu-Karmapa ein zweiter Junge namens Tenzin Khyentse Dordsche im Karmapa-Institut in Neu Delhi den Anspruch erhebt, die Reinkarnation des 1981 verstorbenen XVI. Gyalwa Karmapa zu sein. Für die Tibeter gibt es allerdings nur einen Karmapa, das ist der Tsurphu-Karmapa. Ihr stichhaltiges Argument: nur ihn hat der Dalai Lama als Reinkarnation anerkannt.

Samye. 156 Kilometer südöstlich von Lhasa liegt an der Straße nach Tsethang der älteste buddhistische Tempel Tibets. Auf der gut ausgebauten Straße am Konggar-Airport vorbei ginge die Fahrt sehr schnell, wäre nicht die (bei Niedrigwasser heikle) Überquerung des Tsangpo-

Flusses. Samye ist ein kleines Dorf mit Übernachtungsmöglichkeiten in Privatquartieren. Hier läßt sich der tibetische Sakralbau gut studieren. Die ersten heiligen Stätten waren einfache, an Kraftplätzen zwischen Wassern und Hügeln errichtete *Lha-Khang*, »Häuser der Götter«. Im Jahr 775 entstand in der Abgeschiedenheit von Samye das erste klosterähnliche Anwesen Tibets mit dem Namen *Gompa* (»abgelegener Ort«). Rekonstruiert im alten Stil, symbolisiert die kleine Tempelstadt ein Mandala (tib.*kyilkhor*, Kreis, Scheibe). Die Kreisform erkennt der Besucher am besten aus der Vogelperspektive vom nahen Hügel aus. Um den ursprünglichen Haupttempel errichtete der indische Baumeister Shantarakshita zwölf in alle Himmelsrichtungen weisende Stupas und Tempel. Der Mondtempel steht im Norden, der Sonnentempel im Süden des Haupttempels. Den sogenannten Eisenwall (Eisen ist nach Kupfer, Silber und Gold das vierte Metall), der diesen Kosmos umgrenzt, symbolisiert eine weißgekalkte Mauer mit 108 kleinen Stupas. Es gibt nur wenige so ausladende und komplexe architektonische Mandalas wie in Samye. Die Form der kleinen Tempel- und Stupastadt belegt, daß sich das zweidimensionale Mandala aus der Dreidimensionalität entwickelt hat und im Lauf der Jahrhunderte zu einem meditativen Bildwerkzeug wurde.

Ein Mandala, auch als »Palast von Gottheiten« bezeichnet, ist in der Regel zweidimensional gemalt oder aus farbigem Sand und aus Edelsteinen gestreut. Erst in der Meditation soll die Dreidimensionalität vor dem geistigen Auge erstehen, denn die visionäre Räumlichkeit soll beweisen, daß das Wesen aller Erscheinungen die Leere ist. Sobald der Palast vor dem geistigen Auge entstanden ist, lädt man eine Schutzgottheit ein, in der ideellen Wohnstatt Platz zu nehmen. Nun soll die Gottheit im Mittelpunkt dieses psycho-kosmischen Ordnungssystems zum Nutzen aller Wesen wirken. Der Schweizer Psychoanalytiker Carl Gustav Jung sah im Mandala ein archetypisches Urbild der Psyche.

Yamdok Yutsho. Südlich von Lhasa liegt, eingebettet zwischen Bergen, in 4482 Meter Höhe der »Türkisfarbene See von Yamdok«. Mit seinen 180 Quadratkilometern ist er der drittgrößte See der tibetischen Hochebene. Wegen seiner langgestreckten und verzweigten Form vergleichen ihn die Tibeter mit einem Skorpion. Mit der Stille am heiligen See ist es vorbei, seit die chinesische Regierung ein gigantisches Wasserkraftwerk gebaut hat. Außerdem schürft die Armee mit Baggern, Transportbändern und Schwemmbecken nach Gold.

Gyantse (»Königsspitze«). Das verschlafene Städtchen mit seinen 8000 Einwohnern liegt auf 4070 Meter Höhe im Nyang-Tal, der zentraltibetischen Kornkammer, und ist nur an Markttagen quirlig. Tibetische Gasthäuser mit englischen Namen wie »Yak-Inn« oder »Snowland« laden zu einer kurzen Pause mit heißen Nudeln ein. Die wenigen Gebäude, die von der historischen Altstadt übriggeblieben sind, drängen sich um einen felsigen Hügel, auf dessen Spitze sich der Dzong, der einstige Gouverneurssitz, wie eine Burg erhebt. Die eigentliche Sensation versteckt sich hinter dem Felshügel. Von einer halbzerfallenen Lehmmauer eingefaßt, erwarten den Besucher die Reste der Klosterstadt Pälkhor Chöde. Vor der Zerstörung im Jahre 1959 drängten sich in einer Art Amphitheater sechzehn autonome Klöster. Der erhaltene Stupa Kumbum zählt neben dem in Sanchi (Indien),

Boudha (Nepal) und Borobodur (Java) zu den bedeutendsten der Welt. Im Jahre 1440 wurde der Kumbum von dem Fürsten Chögyel Rabten Künzang Phag errichtet. Auf den vier Seiten seiner Spitze prangen die »Alles sehenden Augen Buddhas«.

Ein Stupa symbolisiert den Buddha-Geist. Ursprünglich war ein Tumulusgrab für die sterblichen Überreste eines Tathagata, eines »So-Gekommenen«. Als Tathagata soll sich der historische Buddhas Sakyamuni selbst bezeichnet haben. Auf die Frage, wie man mit den Überresten eines Buddhas umzugehen hat, soll er geantwortet haben: »Haltet es wie mit den Überresten eines Weltenherrschers, begrabt sie an der Kreuzung der vier großen Straßen.«

Die ältesten Stupas stammen aus dem 3. Jahrhundert v. Chr., aus der Zeit des indischen Kaisers Ashoka. Im Lauf der Geschichte diente der Stupa immer häufiger zum Aufbewahren von Reliquien eines Lebenden Buddhas oder seines in Meditationshaltung mumifizierten Leichnams. Ein Stupa – auf tibetisch heißt er *Chörten* – gilt als Verehrungsobjekt und wird im Uhrzeigersinn mit der rechten Schulter nach innen umrundet.

Für Buddhisten ist ein Stupa mehr als ein Reliquienschrein. In ihm erkennen sie ein Abbild des Universums, des Menschen und seines Weges zur Erleuchtung. Dem Blick des Betrachters entzogen, erhebt sich im gemauerten Inneren ein Lebensholz, das den Weltenbaum im Zentrum der Erde symbolisiert. Übrigens steht der Weltenbaum auch als umschnürter und mit Gebetsfahnen umwickelter Mast vor jedem Kloster. Das Stück Holz im Inneren des Stupa steckt in der Erde und stützt symbolisch den Himmel. Der stufenförmige, quadratische

Stupasockel verkörpert die Erde. Die Blase darüber entspricht dem Element Wasser und der Schirm dem Element Luft. Die dreizehn Dharma-Ringe der Spitze korrespondieren mit ätherischen Ebenen, während Sonnenscheibe und Mondsichel die Polarität von Weisheit und Methode symbolisieren.

Shigatse. Mit 50000 Einwohnern ist Shigatse die zweitgrößte Stadt Tibets. Sie liegt in einer weiten fruchtbaren Ebene auf 3900 Meter. Im Herzen der Altstadt ist ein kleiner Markt mit Gemüseständen, Fleischtheken und vielen Souvenirrampen. Nach Lhasa leben in Shigatse die meisten Chinesen. Berühmtheit erlangte die eher unscheinbare Stadt durch Tashilhünpo (»Berg des Glücks«), das Stammkloster der Panchen Lama. Tsongkhapas Neffe hat das Kloster im Jahr 1447 gegründet. Dieser Gendün Dub (1391–1475) wurde nach seinem Tode zum I. Dalai Lama ernannt. Kein Tempel ist so sehenswert wie der Jampa Lakhang. Auf engem Raum erhebt sich die größte Statue Tibets, ein 26 Meter hoher aus 11000 Kilogramm Kupfer geformter und mit 229 Kilogramm Gold veredelter Maitreya-Buddha. Seine linke Hand hält im Meditationsmudra Dhyana eine Vase mit dem Unsterblichkeitstrank. Die rechte Hand zeigt das Mudra der Argumentation. Aus Prestigegründen ließ die Pekinger Regierung Tashilhünpo nach dem Tod des X. Panchen Lama prachtvoll restaurieren. Wer die große Klosteranlage durchstreift, wird vielen Englisch sprechenden Mönchen begegnen. Und in der Unterhaltung wird er schnell feststellen, daß sie erstaunlich regierungstreu sind. Also Vorsicht mit Dalai Lama-Bildern!

Juwel der Schneeberge

Eine Expedition zum »Juwel der Schneeberge« ist zweifelsohne der Höhepunkt jeder Tibetreise.

Aus einem Felsmassiv wächst das Juwel der Schnee-berge ebenmäßig und angenehm geneigt empor. Nur selten ist der Himmel über dem Kailash, den die Tibeter *Kangrinpoche* nennen, wolkenlos. Vor allem frühmorgens umschließen die Wolken den Gipfel wie ein mächtiger Kragen den Hals eines mittelalterlichen Ratsherrn. Im Süden steigt sein Sockel aus rotgrauem, vertikal gemaser-tem Fels senkrecht auf und endet in scharfen Zacken gleich den Sassi lunghi der Dolomiten. An seiner Ost-flanke wird er von einem steinernen Elefantenkopf ge-stützt, über dem ein zartes Schneekegelchen in vollkom-menem Rund in den Himmel ragt. Aber seinen Gipfel oberhalb der Zacken bedeckt ein riesiger Schneekegel, der, gepanzert von ewigem Eis und Schnee, blauweiß in den Himmel sticht. In seinem südlichen Abhang verläuft eine senkrechte Kerbe. Während der unbedarfte Be-trachter an eine eingekerbte Pyramide denkt, erklärt die Sage diese Kerbe als die Spur der Trommel eines gewis-sen Naro Bönchung.

Vor Urzeiten forderte Naro Bönchung einen Yogi namens Milarepa zum Duell heraus. Es ging um die Fra-ge, wer über die größeren magischen Kräfte verfügte, der alteingesessene schamanistische Bön-Kult oder der junge, importierte Buddhismus. Die Kontrahenten vereinbarten, wer als erster den Gipfel erreiche, habe gewonnen. Noch im Dunkel der Nacht stand Naro Bönchung auf und zog seinen blauschimmernden festlichen Pelzrock über. Siegessicher schlug er sein Tambourin, um seine Trommel zu besteigen und zum Gipfel hinaufzureiten. Doch der Lärm des Frühaufstehers konnte den Yogi nicht wecken. Erst als die Sonne aufging, schnippte Milarepa mit dem Finger, breitete sein weißes Baumwollgewand wie Flügel aus und gelangte augenblicklich auf dem ersten Lichtstrahl zum Gipfel. Die Trommel des erschrockenen Verlierers kullerte die Südseite hinab und schlug dabei jene Kerbe. Nach dem Sieg verbannte Milarepa seinen Widersacher aus der Region und erlaubte ihm die Läuterung in einer Meditationshöhle am Gurla Mandhata. Dieser 7728 Meter hohe Eisgipfel gilt heute als die weibliche Entsprechung des Kailash. Der Kailash aber kam mitsamt seinen Quellflüssen Brahmaputra, Indus, Sutlej und Karnali und den beiden Seen Manasarowa (Symbol der Sonnenscheibe) und Rakastal (Symbol der Mondsichel) in den Besitz des Meisters der »Hunderttausend Gesänge«.

Verweilen wir kurz beim Bön-Kult, denn nicht nur am Kailash, sondern auch anderswo begegnen uns Pilger, die Stupas und Tempel gegen den Uhrzeigersinn umrunden. Mit »Bön« ist das Rezitieren mündlich überlieferter, geheimer Gebetsformeln gemeint. Unter der Bezeichnung versteht man heute alle vorbuddhistischen, animistisch geprägten Kulte und Rituale, die dem Wunsch der Tibeter nach Schutz von Leib und Leben nachkommen.

Einst wollten Bön-Priester durch Menschen- und später Tieropfer das irdische Schicksal gnädig stimmen, den Himmel befragen und die Menschen mit den allerorts und allzeit wirkenden Geistern versöhnen. Ähnlich einem Schamanen wurde der Bön-Priester als Medium zwischen Göttern, Geistern und Menschen verehrt, denn er allein besaß die Gabe, die Tür in den Himmel zu öffnen und die Tür in die Unterwelt zu schließen. Mit einer dumpf klingenden Trommel versetzt er sich für diesen Akt in Trance. Im Zustand feinster Intuition beherrschte er das rituelle Fangen und Bannen unheilvoller Geister in »Geisterfallen«. Außerdem oblagen ihm das Wettermachen, die Heilkunde und das rituelle Blutopfer.

Nach dem Verständnis des Bön besteht die Welt aus einer Ober-, Mittel- und Unterwelt. In der Oberwelt, dem Himmel mit seinen sichtbaren Gestirnen und dem unsichtbaren Element Luft, leben Himmelsgeister. Unter der Erde, in der Unterwelt, leben die Erdherren. Die Mittelwelt ist das Reich der Menschen, das sie mit allerhand Geistern teilen. Die Berggeister, *Nyen*, sind sehr mächtig und bevölkern außer Bergen auch Bäume und Steine. Wer sie erzürnt, den strafen sie mit der Pest, einer im alten Tibet weitverbreiteten Seuche. Um sie zu besänftigen, werden Steinhaufen aufgeschichtet und mit geweihten Fahnen und Stangen bestückt. Auf Pässen und Berggipfeln sowie in Schluchten und an gefährlichen Furten lauern die *Tsän*, die rotbemalten Jägern ähneln. Sie gelten als sehr launisch und können bereits durch das Aufritzen der Erdkrume mit einem Holzpflug in Zorn geraten. In Gewässern und in Hügeln, die einem liegenden Ochsen gleichen, sowie in schwarzen Felsen mit Krähenantlitz leben Erd- und Schlangengeister.

Traditionell besitzt jeder Tibeter eine ganz persönliche

Schutzgottheit, die *Da-Lha*, Feindgott, genannt wird und in seiner rechten Schulter sitzt. Die wichtigsten göttlichen Begleiter im Leben sind der Manngott *Pho-Lha* und der Weibgott *Mo-Lha*. Amulette, Opfergaben und magische Zeichen wie das linksgedrehte Hakenkreuz Swastika schützen vor bösen Geistern. Verursachen böse Geister Unheil, werden sie in »Geisterfallen« – buntgeschnürte Fadenkreuze im Westentaschenformat – rituell gefangen und gebannt.

Noch vor dem Tod kann sich der menschliche Geist (nach westlichem Verständnis die Seele) vom Körper lösen und in Steine eingehen oder von Dämonen besetzt werden. Die vorbuddhistische Metaphysik unterscheidet zwischen zwei sogenannten Geistseelen, zwischen der Schatten- und der Atemseele. Die Schattenseele *bla* lebt in den Türkisen, die als Kette um den Hals getragen werden. Sie kann im Schlaf den Körper verlassen und wieder zurückkehren. Die Atemseele heißt *lung*. Jeder Tibeter wünscht sich, daß *lung* so lange wie möglich auf *ta* (dem Pferd) durch den Körper reitet, will doch keiner früh sterben. Die Atemseele wird durch das Windpferd *lungta* symbolisiert, das auch die Gebetsfahnen schmückt. Zu Tausenden fliegen violette und lindgrüne Zettelchen mit einem aufgedruckten Windpferd an *Saga Dawa* durch die Luft. Die Gläubigen erhoffen sich durch das Zettelwerfen übers Jahr Glück zu ernten.

Am Kailash ist kein Tag so bedeutend wie Saga Dawa, der Tag von Buddhas Geburt, seiner Erleuchtung und seinem Tod. Ein angereister Rinpoche zelebriert eine *Puja*. Während ein Holzmast, der Weltenbaum, mit Tausenden blauer, weißer, roter, grüner und gelber Gebetswimpel über Stunden langsam und ruckartig aufgerichtet wird, laufen die Pilger im Kreis, verrichten ihre Niederwerfungen, singen und werfen die Glückszettelchen in die Luft.

Inzwischen wissen wir viel über den heiligsten Ort Tibets, doch noch nicht das Wichtigste: Der solitäre, (nur) 6714 Meter hohe Kailash wird niemals bestiegen, sondern auf einer Chora oder Parikrama umrundet, oder wie Lama Govinda sagt, »umwandelt«. Die dreitägige Umrundung führt von Darchen in der Barkha-Ebene zur Nordwand. Hier, auf halbem Weg, öffnet sich das Panorama gleich einem Fächerbild auf *north face*. Zwischen den graugrünen Hügeln, Avalokiteshvara rechter und Manjushri linker Hand, steigt die Nordwand senkrecht über einer Gletscherzunge empor. Gegen Abend, wenn die Zelte stehen, verschleiert eine Gaze aus abgehendem kristallinem Pulverschnee die Nordwand. Wer für die drei Tage dauernde Parikrama nicht ausreichend vorbereitet ist, der besteigt ein »Gedanken«-Karussell. Alles dreht sich plötzlich nur noch um den inneren Schweinehund: »Schaff ich's oder schaff ich's nicht?« Na ja, immerhin ist der Tara-Paß ehrfurchterregend hoch: 5723 Meter.

Die fünfzig Kilometer lange Umrundung will Schritt für Schritt erlaufen sein. Die Füße treten auf Steine, Steine und nichts als auf Steine. Selbst die spärliche Erdkrume respektiert die Übermacht der Steine. Die Steine werden zum Symbol der Leere, denn in der Wiederholung löst sich ihre Abgrenzung auf – sie scheinen zu verschmelzen. Mit jedem Schritt über Steine verliert *Shunyata*, das höchste buddhistische Prinzip, seine abstrakte Bedeutung. Die Leere im Steinbett und das Gefühl des Alleinseins werden eins.

—— *128* ——

Wer das Juwel der Schneeberge – einmal nah, meistens fern – umrundet hat, der weiß, daß nicht jeder Gipfel erstürmt werden muß, und erlangt die Gewißheit, daß auch ein Berg verehrt werden kann. In *Der Weg der weißen Wolken* schreibt Lama Govinda unübertroffen: »Um die Größe eines Berges wahrnehmen zu können, müssen wir Distanz von ihm halten; um seine Form in uns aufzunehmen, müssen wir ihn umwandeln; um seine Stimmungen zu erleben, müssen wir ihn zu allen Tages- und Jahreszeiten beobachten: bei Sonnenaufgang und Sonnenuntergang, zur Mittagszeit und in der Stille der Nacht, an trüben Regentagen und unter blauem Himmel, im Winterschnee und im Gewittersturm. Wer den Berg in dieser Weise kennenlernt, kommt seinem Wesen nahe, das ebenso intensiv und vielfältig ist wie das eines Menschen. Berge wachsen und zerfallen, sie atmen und pulsieren von Leben. Sie sammeln unsichtbare Kräfte aus ihrer Umgebung: die Kräfte der Luft, des Wassers, der Elektrizität und des Magnetismus; durch sie entstehen Wolken und Winde, Gewitter und Regen, Wasserfälle und Flüsse. Sie füllen ihre Umgebung mit tätigem Leben und bieten unzähligen Wesen Nahrung und Schutz. Darin besteht die Größe eines Berges.«

Der deutsche Lama Govinda hat es vor siebzig Jahren erlebt: Der Kailash zieht an oder stößt ab. Die einen macht er nervös bis fanatisch, die anderen macht er ruhig bis apathisch. Die einen verweist er in die gelebte Vergangenheit, den anderen gönnt er die Vision. Der Kailash polarisiert.

Für den Osten ist er ein überaus bedeutender Kraftplatz, er entspricht nach der buddhistischen Mythologie der Weltenachse, dem Weltenberg Meru. Und in der realen Welt gilt er als Schnittpunkt zwischen dem physischen und metaphysischen Universum, zwischen Mikrokosmos und Makrokosmos.

Hie und da liegen Kleidungsstücke auf dem Umrundungspfad. Abgesehen von zerfetzten Turnschuhen und aufgeschlitzten Gummisohlen lassen tibetische Pilger manchmal sogar Hosen und Jacken – weniger offensichtlich auch Haarsträhnen – als Opfergaben zurück. Diese Menschen haben einen *Bardo* überwunden. Vielleicht war dieser Zwischenzustand ein unendlicher Verlust, eine lebensgefährliche Krankheit oder großes Leid. In übertragenem Sinne legen sie somit alles Alte ab, weil sie dem Totenrichter *Yamaraja* begegnet sind.

Für die tibetischen Buddhisten ist der Berg Hort der Schutzgottheit Samvara. Und die Anhänger des Bön-Kultes sehen in ihm eine Kristallpagode, die die Seele des Schneelandes birgt.

Nach der Umrundung und einer Erholung am türkisblauen, fischreichen Manasarowa-See spürst du die Kraft dieser Orte in deinen Visionen. Du spreizt fünf Finger, und es entstehen Berge, du machst das Mudra der Welle, und der Wind erhebt sich. Visuelles und unbewußtes, körperliches Erleben driften auseinander, und du erlebst alles zeitversetzt. Du hörst irgendwann das Spiel einer Flöte und kehrst in deinen Gedanken in die Weite zurück. Du hörst eine Harfe und trittst in weichen Sand. Das Scheppern eines Beckens wird zum Wind und nach dem Verklingen zur Stille. Du wirst leicht, und es geht dir wie Lama Govinda: »Die Erregung des ersten gewaltigen Eindrucks, welche die Begegnung zwischen dem Pilger und seiner neuen Umgebung hervorgebracht hat, weicht allmählich einer stillen Heiterkeit.«

Schwein, Schlange, Hahn

Wer aus einer Autogesellschaft kommt, kennt natürlich eine der rundesten Erfindungen – das Rad. Auch in östlichen Gesellschaften, wo die Menschen noch viel Sitzfleisch haben, ist das Rad keine unbekannte Größe. Doch hier dient die geniale Erfindung zu mehr als nur zum Fortkommen. Hier versinnbildlicht das Rad, daß unser irdisches Dasein stets im Wandel begriffen ist. Das Rad wird zum Lebensrad. Freier Wille, höchste Intelligenz und größter Reichtum ändern nichts daran, daß der Mensch in einem Kreislauf lebt, den die Buddhisten *Samsara* nennen. Ein ewiger Kreislauf ohne Anfang und ohne Ende ist weiß Gott keine schöne Vorstellung. Sind wir demnach zum Laufen verdammte Hamster in einem Käfig, die dennoch auf der Stelle treten? Ja und nein! Ja, denn die samsarische Wanderung von Geburt, Tod und Wiedergeburt kennzeichnet das Leben schlechthin. Nein, denn jedem ist der Schlüssel zur Freiheit in die Wiege gelegt. Man muß den Schlüssel nur finden – erwachen, die schlummernde Buddha-Natur in sich erkennen. Um dem Menschen die Augen zu öffnen, schufen Künstler über Jahrhunderte ein Bild vom Kreislauf des Lebens. In seiner Ikonographie variiert dieses Bild nur wenig, egal, ob es in indischen, japanischen oder tibetischen Tempeln hängt.

Das Lebensrad *Bhava Chakra* wird aus dem Schoß eines Monsters geboren. Mit seinen sichelscharfen Krallen und Wolfszähnen hält es das Rad bedrohlich fest. Das Monster ist kein Geringerer als der Totenrichter Yamaraja. Mit seiner Schädelkrone über den flammenden Augenbrauen, dem tierisch wilden Blick und dem Knochenschmuck will er dem Betrachter Angst einflößen, aber nur Angst vor der Vergänglichkeit. In seiner monströsen Erscheinung verkörpert Yamaraja den Archetypus einer transzendenten Wirklichkeit und ist eine gemalte Projektion des menschlichen Geistes. Das Rad in Yamarajas Klauen hat sechs Speichen, und in der Radnabe verbeißen sich ein Schwein, eine Schlange und ein Hahn. Das Schwein steht für Unwissenheit, die Schlange für Haß und der Hahn für Gier. Alle drei sind ineinander verbissen, weil sich Unwissenheit, Haß und Gier – die größten Schwächen des Menschen – gegenseitig bedingen. Als sogenannte Geistesgifte bilden sie die Ursache für das Samsara, für das Im-Kreis-Wandern.

Zwischen Nabe und Radreifen reihen sich zwischen sechs Speichen sechs Daseinsbereiche auf, in die alle Wesen entsprechend ihrem Tun hineingeboren werden. Im Bild sind die beiden oberen Daseinsbereiche der Götterbereich und der Halbgötterbereich. Im Götterbereich leben *Devas*. Im Halbgötterbereich *Asuras*. Die Halbgötter könnten die Brüder und Schwestern der Titanen, der sechs Söhne und sechs Töchter von Uranos und Gäa sein. Anders als die Götter leben sie in der Illusion, sie seien unsterblich. Erst im Augenblick des Todes erkennen sie ihre irdische Schwäche, ihre Sterblichkeit. Auch wenn in ihrem feinstofflichen Leben Milch und Honig fließen, plagt sie doch der ewige Neid auf die Götter. Neben den zwei Bereichen (sie werden in manchen Darstellungen auch zusammengefaßt) sehen wir den Menschenbereich. Wie es dort im einzelnen zugeht, wird in zwölf narrativen Bildern am Rand des Radreifens dokumentiert. Neben dem Menschenbereich ist der Bereich der Unglückseligen Geister, *Pretas*, angesiedelt, zu dieser Spezies gehören auch die Hungrigen Geister. Mit ihren nadelöhrgroßen Mündern und ihren pferdehaardünnen Kehlen können sie ihren Hunger und Durst niemals stillen. Extrem dünne Hälse und extrem dicke Bäuche versinnbildlichen ihren Geiz und ihre Gier. Der untere Daseinsbereich im abgebildeten Lebensrad ist der Höllenbereich. Hier herrschen Gluthitze und Eiseskälte. In Sichelwäldern und auf Schwerterbergen werden Köpfe abgeschnitten und Fersen geschleift. Als letzter Bereich zwischen der Hölle und dem Götterbereich liegt der Bereich der Tiere. Dieser Daseinsbereich zeichnet sich durch tiefe Unwissenheit aus.

Wir dürfen aufatmen, in keinem der fünf Bereiche währt der Aufenthalt ewig, auch in der Hölle ist nicht einmal der schlimmste Diktator für immer eingesperrt. Nach buddhistischer Auffassung kann der Mensch in verschiedenen, aufeinanderfolgenden Leben all diese Bereiche durchleben – das hängt allein von seinem Tun und Lassen ab. Zum richtigen Verständnis: Für aufgeklärte Buddhisten wie den Dalai Lama sind die fünf Bereiche nichts anderes als psychische Daseinszustände. Beim Betrachten des Lebensrades dürfen wir nicht vergessen, daß der Buddhismus von der Grundannahme ausgeht, daß alle Wesen im Grund ihres Herzens nach Glück suchen und Leid vermeiden wollen. Trotz allem löckt der samsarische Stachel, der Leid verursacht:

das Leid des Schmerzes, des Wandels und der Bedingt-
heit.

Der angekündigte Lebenszyklus am Rand des Radreifens ist wirklich ausgeklügelt. Hier veranschaulichen
zwölf aphoristische Bilder wie sich der Kreislauf von Geburt, Tod und Wiedergeburt vollzieht – in einer Kausal-
kette. Welche Kräfte zwingen nun den Menschen, im
Kreis zu wandern? Der Bilderreigen im Uhrzeigersinn
beginnt unterhalb der Wolfszähne von Yamaraja mit dem
Abbild eines alten Mannes, der sich auf einen Stock
stützt. Dieser Mann ist nicht nur alt, sondern obendrein
blind. Sein tastender Schritt durchs Dasein symbolisiert
seine Unwissenheit. Wenig später taucht der Blinde als
Töpfer an einer Töpferscheibe auf. Vordergründig gestaltet er. Doch genaugenommen ist es die sich unaufhaltsam
drehende Scheibe, die - negative oder positive – Resul-
tate schafft. Das Bild will vermitteln, daß ungesteuertes
Bewußtsein fehlerhaftes Tun hervorbringt und folglich
die Unwissenheit vergrößert. Als nächstes taucht ein Affe
auf, der Früchte sammelt. Das Fell des Affen ist weiß. Die
weiße Farbe dieses intelligenten und aktiven Tieres symbolisiert die Geistesaktivitäten, die über den Tod hinaus
wirken.

Im folgenden Bild sitzt eine Gruppe Menschen in
einem Boot und überquert einen Fluß. Das Boot ist die
Form, die das Formlose bezwingt. Dieses Motiv signali-
siert, daß jetzt die geistigen und körperlichen Dispositio-
nen offen zutage treten, die bereits im Mutterleib zur
Ausbildung des Intellekts und der sechs Sinneskräfte –
Sehen, Hören, Riechen, Schmecken, Tasten und Gei-
steskraft – geführt haben. Das Symbol für die Sinneskräfte ist ein leeres Haus mit sechs Fenstern.

Sobald die sinnliche Wahrnehmung des jungen Menschen voll ausgeprägt ist, kommt es zum Kontakt zwischen Individuum und Umwelt – im sechsten Bild vereinigt sich ein Liebespaar. Aus dieser Begegnung resultieren gefährliche Emotionen, so sehen wir einen Mann, in dessen Auge ein Pfeil steckt. Die Kopulation hat die Lebenslust geweckt, auf Sex folgt berauschender Weingenuß. Aus Begierde erwächst Habgier, dargestellt durch einen weißen Affen, der Früchte nascht. Das entwickelte Gefühlsleben zeitigt ein handfestes Resultat, die Frau wird schwanger. Wir erkennen eine Gebärende. Das Bild leitet in ein weiteres Dasein über: durch die Geburt wird eine neue Existenz ergriffen. Mit dem Bild der Gebärenden ist nicht in erster Linie die leibliche Geburt gemeint, sondern der karmische Brückenschlag zur Wieder-Geburt, die den Tod bedingt. In der Konsequenz endet der Bilderzyklus mit dem Abtransport einer Leiche. Das Leben verliert seine Einmaligkeit, es wird zu einem *Bardo*, in dem die Kausalität karmischer Kräfte wirkt.

Nach dem Tibetischen Totenbuch *Bardo Thödol* durchlebt ein Mensch vier Bardo (»Zwischenzustände«). Erstens: den natürlichen Bardo dieses Lebens, die gesamte Zeitspanne zwischen Geburt und Tod. Zweitens: den schmerzvollen Bardo des Sterbens. Er erstreckt sich über den Sterbeprozeß, vom Beginn des Sterbens bis zum Ende der »inneren Atmung«. In diesem Bardo erkennt der Sterbende die wahre Natur des Geistes. Drittens: den strahlenden Bardo der Buddhanatur (*Dharmata*). Er beinhaltet alle Nachtod-Erfahrungen über die wahre Natur des Geistes, die sich im »Klaren Licht« manifestiert. Viertens: den karmischen Bardo des Werdens, *Sipa Bardo* genannt. Er ist der umfassendste Zwischenzustand und dauert bis zu dem Augenblick, da der Verstorbene eine neue Geburt annimmt. Dieser Bardo dauert in der Regel 49 Tage, mindestens aber eine Woche. In den ersten 21 Tage steht der Verstorbene – wie im Traum – noch unter dem Eindruck seines verflossenen Lebens. Genau deshalb lassen die Tibeter einen Leichnam mindestens drei Tage ruhen, bevor er auf den Leichenacker transportiert wird.

»Wenn ich bis an mein Ende rastlos wirke«, schrieb Goethe in einem seiner Winterbriefe aus dem Jahre 1829, »so ist die Natur verpflichtet, mir eine andere Form des Daseins anzuweisen, wenn die jetzige meinen Geist nicht ferner auszuhalten vermag.« Dachte Goethe an Wiedergeburt, als er über eine andere Daseinsform an seinen literarischen Vertrauensmann Johann Peter Eckermann schrieb? Vielleicht! Wie dem auch sein mag: Zuviel schon wurde über Wiedergeburt gerätselt. Fälschlicherweise wurde und wird sie im Abendland immer wieder mit Seelenwanderung gleichgesetzt. Dabei steht beim Phänomen der Wiedergeburt nicht die Kontinuität, sondern die Vergänglichkeit im Vordergrund. Ein kluger Kopf verglich sie einmal mit einer Komposition übereinandergestapelter Würfel. Zwar existiert jeder Würfel separat, trägt aber den nächsthöheren und ist in einer untergeordneten Funktion mit diesem verbunden. Obwohl die Würfel nicht identisch sind, bedingen sie sich gegenseitig. Wird hingegen Reinkarnation mit Seelenwanderung definiert, dann entsteht der falsche Eindruck, als reihte sich eine Abfolge von Leben wie die Perlen einer Gebetskette aneinander, deren verbindende Schnur die »Seele« sei. Der Schweizer Psychoanalytiker Carl Gustav Jung verglich die Wiedergeburt mit der genetischen

Übertragung von Erbanlagen. Allerdings finde die Vererbung nicht auf der physischen, sondern auf der psychischen Ebene statt.

Die Tibeter sind da viel pragmatischer. Ihr Vajrayana-Buddhismus begreift die Wiedergeburt als Ausdruck der Totalität des Lebens und die bewußt gewählte Wiedergeburt als eine herausragende Qualität eines ungewöhnlichen Menschen, eines Erleuchteten. Historisch wird die Fähigkeit der bewußt gewählten und gesteuerten Reinkarnation erstmals beim höchsten Lama der Kagyü-Schule, beim II. Karmapa Karma Pakshi, erwähnt. Um sein spirituelles Vermächtnis der Nachwelt bruchlos weiterzureichen, soll der II. Karmapa willentlich den Ort, die Zeit und den Körper seiner Reinkarnation gewählt haben. Und zwar im Augenblick des Todes durch eine einzige, kraftgeladene Silbe, ein *Mantra*, ausgehaucht aus der Tiefe seiner Eingeweide. Zwölf Monate später wurde die kindliche Reinkarnation im Jahr 1284 als III. Karmapa inthronisiert.

Schon sehr lange gilt das Rezitieren von Mantras als Grundlage für die Wiedergeburt in einem höheren Bereich. Als Laut oder Klang ist ein Mantra unübersetzbar. Nun ist das populärste und älteste aller tibetischen Mantras *om mani peme hung* eine Folge von sechs Silben und kann annähernd erklärt werden. *Om* ist die Keimsilbe und der umfassendste spirituelle Ausdruck der fünf ursprünglichen Bewußtseinsbereiche. *Mani* heißt »Juwel« und *Peme* heißt »Lotos«. Beide Silben beziehen sich auf das transzendente »Erleuchtungswesen«, den vollkommen tugendhaften Bodhisattva Avalokiteshvara, das zum Wohle aller Wesen im Kreislauf von Geburt-Tod-Wiedergeburt verweilt. So könnte man die Übersetzung gelten lassen: *Om*, Juwel im Lotos, *hung.* Da die Ursilbe *Om* (auch *aum*) einen älteren hinduistisch-indischen Hintergrund hat, taucht eine weitere Erklärung auf. Mit dem Mantra *Om mani padme hum* (Sanskrit) wird das Juwel in der Lotosblüte verehrt, sinnbildlich der Penis in der Vulva. Allen westlichen Tantra-Fans sei an dieser Stelle gesagt: Es geht nicht um Sex und Sinnlichkeit, sondern um das Leben, um die lebenspendende Kraft, die beide im Verbund symbolisieren.

In Tibet entwickelte sich schon früh aus der Reinkarnationslehre die Lehre vom *Tulku*, vom »Körper der Verwandlung«. Durch diese Lehre soll die spirituelle Kontinuität aufrechterhalten werden. Als Tulku wird eine Person bezeichnet, die nach Prüfungen als Wiedergeburt eines hochrangigen Lama erkannt wurde. Wie jede Lehre ist auch diese erst einmal eine Theorie und keine Praxis. So kam es in der klerikalen Geschichte nicht selten vor, daß mit Schmiergeldern und Bestechung aus einem ganz normalen Kind über Nacht ein Tulku wurde. Ab dem 18. Jahrhundert gehörte der Tulku-Titel zum Inventar jedes mit Amt und Würden ausgestatteten Lamas, egal welcher Schule er angehörte. Ein Tulku war sehr privilegiert, denn er war nichts anderes als ein Fleisch und Blut gewordener Buddha, also ein Buddha, der sich auf der Ebene der »Erscheinungskörper«, *Nirmanakaya,* materialisierte. Das Volk verehrte den Tulku-Knaben (sehr, sehr selten waren es Mädchen) als Lebenden Buddha und sah in ihm einen »Linienhalter«, dessen Stammbaum bis auf den historischen Buddha zurückging. Entsprechend gelten alle vierzehn Dalai Lamas als leibhaftige Verkörperung des Bodhisattva Avalokiteshvara und alle elf Panchen Lamas als fleischgewordene Emanation des Buddhas

Amitabha. Der Dalai Lama und der Panchen Lama sind erfüllt von unermeßlichem Mitgefühl und verbleiben nur deshalb im Samsara, weil sie zum Wohle aller Lebewesen wirken. Erst wenn alle Lebewesen aus dem Samsara verschwunden sind, gehen auch sie ins *Nirwana* ein – sie verlöschen. Die Dialektik von Samsara, jenem Kreislauf der Wiedergeburten, und Nirwana, einem Zustand jenseits von Sein und Nichtsein, ist die Grundlage des »Großen Fahrzeugs«, des *Mahayana*, auf der sich das diamantene Fahrzeug, der *Vajrayana*, vor über tausend Jahren entwikkelt hat.

Schauen wir uns noch einmal das Lebensrad an. Neben der Schädelkrone von Yamaraja schwebt ein niedlich kleiner Buddha auf einer Wolke und zeigt mit ausgestrecktem Arm auf eine Mondsichel, das Symbol des Nirwana. Egal, ob Tulku oder nicht, wer diesem kosmischen »Schutzmann« folgt und seine Buddha-Natur erkennt, der ist auf dem richtigen Weg zur Befreiung aus einem von Unwissenheit und Leidenschaften geprägten Daseinskreislauf. Als Ermahnung steht oftmals neben der kleinen Figur zu lesen: »Beginne und wende dich ab. Trete ein in die Lehre des Buddhas. Wie ein erboster Elefant die Bambushütte zertrampelt, so zerstöre die Kräfte des Herrn des Todes.« Da sich das Wesen eines Buddhas immer in dreierlei Hinsicht offenbart, ist neben der niedlich gemalten Figur, die seinen Körper symbolisiert, und der Spruchweisheit noch ein *Stupa* als Symbol seines Geistes abgebildet. Aus der Betrachtung des Lebensrades läßt sich nun schlußfolgern, daß jedes Ego vor der Wahl steht, ein hektisches Hamsterdasein in einem Käfig zu fristen oder aus dem samsarischen Kreislauf von Geburt-Tod-Wiedergeburt auszubrechen. Der Schlüssel zur Freiheit ist das unermüdliche Praktizieren der sechs *Paramitas*, der »sechs Vollkommenheiten«. Damit sind die Eigenschaften Freigiebigkeit, Sittlichkeit, Geduld, Willenskraft, Meditation und Weisheit gemeint.

Über die Jahrhunderte formten sich in Indien die beiden Schulen Kleines Fahrzeug *Hinayana* und später Großes Fahrzeug *Mahayana*. Mahayana tritt um die Zeit von Christi Geburt auf und breitet sich über die Seidenstraße nach China aus. Das Schisma bleibt aus, aber bald gerät Hinayana ins Hintertreffen und wird als egozentrische Erlösungsvariante abgestempelt.

Im Gegensatz zum Kleinen Fahrzeug, das nur den Heiligen, *Arhat*, kennt, kreierte das Große Fahrzeug den altruistischen Archetypus des Bodhisattva. Anders als der Normalsterbliche im Daseinskreislauf trifft der Bodhisattva die Wahl seiner Wiedergeburt in freier Entscheidung. Ein lebender Bodhisattva, zum Beispiel der XIV. Dalai Lama, ist daran zu erkennen, daß er die drei Grundübel Unwissenheit, Haß und Gier gegen Weisheit, Liebe und Mitgefühl eingelöst hat.

In den tibetischen Tempelstätten steht der staunende Besucher immer wieder vor der medusisch anmutenden Statue von Avalokiteshvara. Um seinen wichtigsten Charakterzug, das Mitgefühl, zu veranschaulichen, besitzt die Statue viele helfende Arme und auf jeder Handfläche ein kleines Auge. Genaugenommen sollten es tausend sein, denn die Zahl Tausend symbolisiert das Unendliche. Wo andere Statuen eine Krone tragen, stapeln sich bei Avalokiteshvara bis zu elf Köpfe übereinander. Die Legende erzählt, daß das ursprüngliche Haupt beim Anblick des ungeheuren irdischen Leids zerborsten sei. Sein geistiger Vater, Buddha Amitabha, fügte die Schädelstücke zu elf

—— 140 ——

neuen Köpfen zusammen. Bodhisattvas tibetischer Name ist Chenrezig (Chenresi), denn *chen* bedeutet »Auge«, *re* heißt »Augenwinkel« und *zig* heißt »sehen«. Daher auch sein Name »Der Herr, der herabschaut«. Chenrezig stammt aus Indien, wo er noch als weibliche Gottheit verehrt wurde. Im 1. Jahrhundert, als das Große Fahrzeug in China populär wurde, erhielt Avalokiteshvara den Namen Kuan-yin (Guanyin), transformierte sein Geschlecht aber nicht. Erst im Tibet des 7. Jahrhunderts verwandelte sich Avalokiteshvara in eine männliche Gottheit mit dem Namen Chenrezig und gewann eine überragende Bedeutung für die Selbstfindung der jungen tibetischen Buddhismus-Variante Vajrayana.

Die zweite, weitaus lieblicher anmutende Statue zeigt Buddha Amitabha, »Der unermeßlichen Glanz hat«. Er verkörpert das Westliche Paradies, das Element Wasser, die Farbe Rot und das Mudra der Meditation. Stets sitzt er auf einer Lotosblüte. Aber am wichtigsten ist, daß ihm der historische Buddha *Shakyamuni* zugeordnet ist. Er wird als historischer Buddha bezeichnet, weil von allen 84000 Buddhas nur er gelebt hat.

Im 5. Jahrhundert v. Chr. wurde Shakyamuni in Kapilavastu im Süden des heutigen Nepal als Sohn des Fürsten Shuddodana aus dem Geschlecht der Sakya geboren. Mit den Jahren erhielt er aufgrund seiner Herkunft den Namen »der Weise aus dem Geschlecht der Shakya« – Shakyamuni. Nach seiner Geburt machte er sofort sieben Schritte in jede Himmelsrichtung und erklärte, er wolle die Welt beherrschen. Mit sechzehn heiratete er, mit neunundzwanzig verließ er Frau und Kind und ging in die Einöde. Im Alter von sechsunddreißig meditierte er unter dem Bodhi-Baum. Da erschien ihm Mara, nach unserem Verständnis, der Teufel. Er ließ sich durch keine Verlockung verführen und rief die Erde als Zeuge seiner Standhaftigkeit an. Zu diesem Zweck berührte er mit den Fingern der rechten Hand den Boden, auf dem er im Lotossitz meditierte. Aus der Geste der Erdberührung entstand das Mudra Bhumisparsha. Ab jenem Moment der Erleuchtung wanderte Sakyamuni für den Rest seines Lebens durch die Welt und sammelte Schüler um sich. Mit achtzig Jahren starb er an verdorbenen Speisen. Seine inzwischen in alle großen Sprachen übersetzten Lehrreden aus dem Pāli-Kanon sind Aufzeichnungen seiner Schüler. Sein historisches Verdienst ist, daß er die Karma-Lehre von älteren indischen Traditionen übernahm, sie aber vom Kastensystem der Brahmanen trennte. Somit befreite er die Lehre von ihrer sozialen Determiniertheit und machte sie zu einem universellen Gut. Nach extremen asketischen Selbsterfahrungen erkannte er, wie schädlich das Extrem sein kann. So schuf er die Lehre vom Mittleren Weg, den er mit dem reinen Klang einer exakt gespannten Saite verglich. Zur Essenz seiner Weisheitslehre gehört: Gleichmut zu praktizieren, Anhaftungen aller Art zu entsagen, das Leben aller Lebewesen zu achten und die »Vier Unermeßlichkeiten« anzuhäufen – Mitgefühl, Heiterkeit, Güte und reine Liebe. Mit reiner Liebe meinte er eine Liebe, die keine Vorliebe für bestimmte Wesen kennt, sondern alle Lebewesen gleichermaßen berührt, eine Art Mutterliebe.

Erst nach seinem Tod erhielt Shakyamuni den Namen Buddha, was nichts anderes als »der Erwachte« heißt. Spricht die Welt heute von Buddha, dann ist immer der historische Buddha Shakyamuni oder Siddhartha Gautama gemeint. Wohlgemerkt, von allen 84 000 Buddhas

ist nur er aus dem irdischen Samsara ins Nirwana hinüber-
gewechselt, deshalb gibt es von ihm keine leibliche Wiedergeburt. Auf Altären im ganzen Land verkörpert Shakyamuni – in der Emanation von Amitabha – zusammen
mit Dipamkara (auf der linken Altarseite) und Maitreya
(rechts) die Buddhas der Drei Zeiten: der Vergangenheit,
der Gegenwart und der Zukunft. Shakyamuni, der
Buddha »Unseres Zeitalters«, sitzt in der Altarmitte. Dipamkara, der »Anzünder der Leuchte«, gilt als ein legen-
därer Vorläufer Shakyamunis, während Maitreya erst
noch in diese Welt kommen soll. Als Zeichen der Erleuchtung tragen alle drei auf dem Scheitel den Erleuch-
tungshöcker *ushnisha*. Außer dem zukünftigen Buddha
Maitreya, der mit hängenden Beinen wie auf einem Stuhl
sitzt, verweilen alle anderen Buddhas im Lotossitz. Noch
eine Faustregel sei angemerkt: vom Wesen her sind alle
Buddhas identisch, nicht aber von ihrem Aussehen.

Bildliche Darstellungen von Buddhas kamen erst im 3.
Jahrhundert v. Chr. auf. Die ersten Malereien und Statuen sind indischen Ursprungs, aber nicht rein-indisch.
Mit den Feldzügen Alexanders des Großen, der im
4. vorchristlichen Jahrhundert bis in den Pandschab und
das Indus-Delta vorstieß, gelangte abendländische Kultur nach Osten und vice versa indische in den Westen.
Aus diesem Grund sind die zweiunddreißig Haupt- und
achtzig Nebenmerkmale eines Buddhas maßgeblich
durch das Apollo-Ideal des Hellenismus geprägt. Vor
allem das gekräuselte, in Schneckenlöckchen gelegte
Haar und sein verzauberndes, transzendentes Lächeln.

Den tibetischen Buddhas fehlt das Liebliche und Verspielte der chinesischen und japanischen. Aber auch ihre
Männlichkeit wird nicht überbetont. Sanfte Züge weisen

auf ihren indischen Ursprung hin. Heute kommen die schönsten Buddha-Statuen des Vajrayana aus Nepal und Bhutan. Auch die Klöster in Tibet und im Exil kaufen ihre Statuen in Kathmandu.

Innerlich hören, ohne zu wissen

Um sich aus Unwissenheit, Haß und Gier zu befreien, bedarf es keiner Religion mit Schöpfergott und Dogma. Es bedarf nur der Einsicht, daß Glaube und Vernunft, Spiritualität und Wissenschaft, Physik und Metaphysik keine unüberbrückbaren Gegensätze sind. Diese Einsicht bieten die beiden Weisheitslehren Großes Fahrzeug *Mahayana* und Diamantenes Fahrzeug *Vajrayana*. Als der Vajrayana im Jahr 1959 mit der Flucht des Dalai Lama in den Westen kam, sah er sich mit Psychologie und Psychotherapie konfrontiert. Er kapselte sich nicht ab, sondern übernahm Elemente des rationalen Denkens. Begriffe wie »multidimensionales Bewußtsein« und »offenes Bewußtsein« belegen dies. Wie dem *Zen* wohnt dem im Exil praktizierten Vajrayana weniger etwas Religiöses als etwas Therapeutisches inne.

Wenn es um sein Schutzbedürfnis geht, unterscheidet sich der im Jonglieren mit Atomen und Genen geübte westliche Mensch nicht vom tibetischen Nomaden. Die Unterscheidung beginnt erst dort, wo es um die Pflege dieses Bedürfnisses geht. Tibeter haben zweifelsohne andere Nöte als Europäer, sie sehen sich von Naturgewalten umzingelt und praktizieren einen Vajrayana mit beschwörenden Ritualen und vielen Einsprengseln des uralten Bön-Kults. Doch dieser Unterschied ändert nichts an der Tatsache, daß das menschliche Dasein über alle Grenzen hinweg vorrangig durch das Erleben von Glück und Leid geprägt wird.

Nun ist nach buddhistischer Auffassung die grundlegende Gewohnheit des Geistes die Unwissenheit, das heißt die Annahme, das Ego existiere aus sich selbst heraus. Aus dieser Annahme entwickeln sich geistige Muster wie Abneigung, Anhaftung und Gleichgültigkeit, die sich zu Neurosen auswachsen können. Wie wird der moderne Mensch mit seinen Neurosen fertig? Diese Frage wird immer brennender und erklärt den großen Zulauf des Buddhismus im Westen.

Der Vajrayana wird gerne mit einem Rolls-Royce verglichen, also dem edelsten und anspruchsvollsten Gefährt unter allen Fahrzeugen, denn er verheißt die Möglichkeit, innerhalb eines Lebens erleuchtet zu werden. Dafür fordert kein Fahrzeug seinem Lenker soviel ab wie das Diamant-Fahrzeug.

Am Anfang steht die Zufluchtnahme. Sie ist eine Schutzmaßnahme gegen die Leiden des Daseinskreislaufes. Ein Mönch oder ein Lama, der kein Mönch sein muß, schneidet dem Adepten einige Haare ab und gibt ihm einen Dharma-Namen. Dieses Ritual beinhaltet einen radikalen Neuanfang und die Zuflucht zu den drei Juwelen Buddha, Dharma und Sangha. Der Adept verpflichtet sich, fünf Gebote einzuhalten, nämlich nicht zu töten, nicht zu stehlen, kein sexuelles Fehlverhalten auszuüben, nicht zu lügen und keine Drogen oder übermäßig Alkohol zu konsumieren. Soweit die Regeln der im Buddhismus gängigen Zufluchtnahme. Wer sich nun dem Diamantenen Fahrzeug anvertraut, der muß zu drei weiteren »Wurzeln« Zuflucht nehmen.

Zum Wurzellama *Tsawä Lama*: Der Wurzellama manifestiert für seinen neuen Schüler quasi die Gegenwart der Buddhas und steht in einer Übertragungslinie zum historischen Buddha Shakyamuni. Er wiederum hat seinen eigenen Wurzellama, der eine Linie verkörpert, die bis zum Ur-oder Adi-Buddha zurückreicht. In den tibetischen Tempeln und Schreinen ist der Adi-Buddha so anzüglich dargestellt, daß sein Abbild sofort ins Auge springt. Er umarmt eine Schönheit mit üppigen Brüsten, die rittlings auf seinem Schoß sitzt. Die anziehende Nacktheit seiner Gefährtin *Prajna* (Weisheit) symbolisiert aber nichts anderes als die unverhüllte Wahrheit. In ihrer Vereinigung verkörpern die beiden die lebenspendende »Vater-Mutter-Stellung« *Yap-Yum*.

Die zweite »Wurzel« sind die Schutzgottheiten *Yidam*, die die Qualitäten des Buddhas wie Weisheit, Freude, Glück, Harmonie verkörpern. Und die dritte »Wurzel« sind die *Dharmapala*. Diese, ebenfalls abschreckend wirkenden »Beschützer der Lehre« verkörpern die Aktivitäten des Buddhas. Bei beiden handelt es sich ursprünglich um vorbuddhistische Gottheiten, die der Gründungsvater Padmasambhava »gezähmt« und an untergeordneter Stelle in das buddhistische Pantheon eingefügt hat. Yidam und Dharmapala dienen dem Schüler als Schutzpatrone auf seinem Weg zur Buddhaschaft. Wie ausgeklügelt und strukturiert dieser Weg angelegt ist, zeigt schon die Unterteilung in männliche und weibliche Schutzgottheiten. Die weiblichen heißen *Dakini*. Diese Himmelswandlerinnen gliedern sich in friedvolle und zornige. Die friedvollen erkennen wir an ihren vollen runden Brüsten, die zornvollen an ihren Hängebrüsten. Die Vorstellung der Himmelswandlerin stammt aus dem urzeitlichen Indien.

Dort herrschte in einzelnen Gebieten eine mutterrechtliche Sozialstruktur, die Dakini im Fruchtbarkeitskult mit Blutopfern verehrte.

Bei den männlichen Schutzgottheiten ist die Unterteilung noch präziser. Es wird zwischen friedvollen, gemäßigt zornigen und rasend zornigen Schützern unterschieden. Die friedvollen tragen langes Haar und ein fünfstrahliges Diadem, sie blicken einen aus freundlichen Gesichtern an, und ihre athletischen Körper sind bewundernswert schön. Häßlich und angsteinflößend sind dagegen die zornigen Gottheiten anzuschauen. Mit geballter Kraft stehen sie rasend vor Zorn inmitten einer Flammenaureole. Auf ihrem Monsterkopf tragen sie eine Schädelkrone. Ihren Ohr- und Halsschmuck aus Totenköpfen, Knochen und Schlangenleibern hört man förmlich rasseln. Häufig schlagen sie eine Doppeltrommel, die aus zwei menschlichen Schädelhälften besteht. Mit ihrem synchronen Trommelschlag wollen sie hörbar machen, daß sich die Wahrheit immer in eine relative und eine absolute unterteilt. Mit ihren nackten Füßen zerstampfen sie Tiere, Menschen und die Götter des hinduistischen Pantheons. Auch wenn sie noch so abstoßend und monsterhaft wirken, sind Yidam und Dharmapala keine Menschenfeinde. Im Gegenteil, sie helfen dem Praktizierenden, vor seinem geistigen Auge auftauchende Schleier zu durchdringen und Anhaftungen abzustreifen. Wie die friedvollen werden auch die zornvollen Gottheiten als symbolhafte Verkörperung transzendenter Wirklichkeiten betrachtet, die erleuchtete Meister einst als Abbilder höherer Wahrheiten visualisierten.

Die populärste zornige Gottheit ist Mahakala, der »Große Schwarze«. Mahakala ist nichts anderes als ein

Aspekt – eben der zornvolle – des mitfühlenden Bodhisattva Avalokiteshvara. In der täglich zelebrierten Mahakala-Puja versammelt sich die Sangha-Gemeinschaft um die Kriegstrommel; man ruft den Großen Schwarzen an und erfleht seinen Schutz. Eine scheppernde Glocke bändigt ab und an das Mantra-Gemurmel. Und schon dröhnt wieder die Trommel – in der Mahakala-Puja ist Stille die Ausnahme. Schließlich wird noch unter Getöse ein imaginärer Menschenkörper erdolcht und zerschnitten und so von seinen Anhaftungen befreit.

Geprägt durch ein erstaunlich großes Schutzbedürfnis, ist nahezu jeder Tibeter ein spiritueller Mensch und kennt die Mahakala-Puja. Nahezu jeder spricht täglich nach dem Aufstehen das Zufluchtsmantra. Während er das Mantra murmelt, legt er die Innenflächen der gestreckten Hände zusammen (Vereinigung von Methode und Weisheit), zuerst über dem Scheitel oder der Stirn, dann vor der Kehle und in einer dritten Bewegung vor dem Herzen. In dieser Abfolge symbolisiert diese Geste die Reinigung von Körper, Rede und Geist. Anschließend geht er auf die Knie und streckt sich lange auf dem Boden aus – er macht eine Niederwerfung. Mit dieser Demutsgeste, etwas unglücklich »Verneigungskniefall« genannt, will er etwas anderes erhöhen und sich selbst erniedrigen. Vor den verschlossenen Toren des Yokhang reinigen täglich Hunderte, vor allem ältere Frauen, Körper, Rede und Geist von Anhaftungen und karmischen Rückständen aus früheren Leben. Jeder für sich arbeitet daran, die zehn Untugenden zu überwinden: Töten, Stehlen, sexuelles Fehlverhalten, Lügen, entzweiende Rede, grobe Rede, dumme Rede, Habsucht, Verhalten, das anderen schadet, und falsche Vorstellungen.

Nach Auffassung des Vajrayana ist die dreifache Reinigung eine Grundvoraussetzung, um den Erleuchtungsgeist, die Essenz der Buddhaschaft, entwickeln zu können. So legt die (im Westen weit verbreitete) Schule der Kagyüpa besonderen Wert auf die Reinigung von Körper, Rede und Geist. Bei den Kagyüpa beginnt der Neuling nach der Zufluchtnahme mit den vorbereitenden Übungen des *Ngöndro*, einer Reinigung, die aus 111 111 Niederwerfungen und dem gleichzeitigen Rezitieren von 111 111 Mantras besteht. Mit diesem muskelaufbauenden Training ist er gut ein Jahr oder länger beschäftigt. Ein weiteres Reinigungsritual heißt *Nyung Neh*. Über mehrere Tage wird ohne Essen und Trinken meditiert.

Wer nach der Reinigung seine buddhistische Praxis erweitern und vertiefen möchte, der kann zwischen verschiedenen Gelübden wählen. Anders als ein christliches ist ein buddhistisches Gelübde keine unwiderrufliche Verpflichtung, sondern eine fortwährende Übung mit der Maßgabe, den Mitmenschen und seiner Umwelt, auch Tieren und Pflanzen, nicht zu schaden. Wer ein Gelübde gebrochen hat, kann es, ohne Buße tun zu müssen, erneut ablegen.

Eines der Gelübde ist das Bodhisattva-Gelübde. Es fordert zum Streben nach Erleuchtung zum Heil aller Wesen auf. Ein zweites Gelübde ist das Mönchsgelübde auf Zeit. Es fordert zum Zölibat und zum Verzicht auf Alkohol auf. Wer allerdings zum Vollmönch ordiniert werden möchte, muß nicht nur zölibatär leben, sondern auch noch 253 Regeln einhalten und ein ewiges Gelübde ablegen. Das dritte ist das tantrische Gelübde, es hält den Praktizierenden an, den Weg des Vajrayana konsequent zu gehen. Wörtlich übersetzt heißt *tantra* »Gewebe, Schnur« und symbolisiert den »roten Faden«, der durch den Daseinskreislauf führt. Mit Schmusespaß und esoterischen Sexspielchen bei Kerzenlicht, wie Tantra im Westen verkauft wird, hat der Tantrismus des Vajrayana nichts, aber auch gar nichts gemein. Ursprünglich war Tantra eine Geheimlehre, die auch (aber nicht nur) Sexualpraktiken beinhaltete. Das höchste tantrische Ziel ist die Erleuchtung, die Aufhebung der Polarität. So kennt der Tantrismus eine Reihe bipolarer Gottheiten, deren sexuelle Vereinigung die Überwindung der Polarität symbolisieren.

Nach tantrischer Auffassung besteht die materielle Welt in letzter Konsequenz aus reiner Energie und ihre Realität entfaltet sich in einer männlich-weiblichen Polarität, wobei das Relative und das Absolute, die Makro- und die Mikrowelt ständig miteinander korrespondieren.

In den Anfängen des Vajrayana war der Tantrismus sehr verbreitet, das Keuschheitsgelübde hingegen noch unbekannt. Erst als der indische Gelehrte Dipamkara Srijnana, berühmt geworden unter dem Namen Atisha, das Lama-System und mönchische Klosterdasein in Tibet populär machte, verlor Tantra an Einfluß. Ja, drohte sogar in Vergessenheit zu geraten, als Tsongkhapa zu Beginn des 15. Jahrhunderts die »Gelbmützen« der Gelugpa zum mächtigsten Orden in Tibet aufbaute. Heute ist die tantrische Schule eine kleine Schule und führt innerhalb der Orden der Gelugpa und Kagyüpa ein Nischendasein. Tantrische Lamas (sie dürfen Beziehungen zu Frauen pflegen und Kinder haben) sind nicht geschoren, sondern tragen ihr langes Haar meist hochgesteckt.

Im Westen ist Meditation en vogue. Sie dient der Entspannung und Streßbewältigung. Ist Meditation eine sanfte Sportübung wie die »Fünf Tibeter«? Wohl kaum!

Gelübde aller Art, Zufluchtsgebete und Niederwerfungen dienen der Reinigung, während die Meditation dazu dient, die Natur des Geistes erkennbar zu machen. Meditation im Vajrayana – die bekannteste heißt *Shine* – ist immer spirituelle Meditation. Ihre drei Bestandteile sind Versenkung des Geistes, Versenkung der Rede und Versenkung des Körpers. Ist geistige Ruhe erreicht, stellen sich nicht nur intuitive Einsicht und Visualisierung ein, sondern auch richtiges Atmen. Richtiges Atmen ist spirituelles Atmen. Weißes, Mitgefühl symbolisierendes Licht auszuatmen und schwarzes, Leid und Negativität verkörperndes Licht einzuatmen ist damit gemeint.

Zur spirituellen Meditation gehören auch Mantras: Silben, die die mystischen Schwingungen heilsamer Kräfte lebendig werden lassen, und Mudras: Handhaltungen, die einen äußeren, sichtbaren Handlungsverlauf durch inneres Visualisieren widerspiegeln. Die Meditation erreicht ihr Ziel, wenn der Praktizierende mit der über seinem Scheitel visualisierten Gottheit verschmilzt. Diese Gottheit muß nicht immer ein goldglänzender, losgelöst lächelnder Buddha sein. Sehr häufig wird das innere Auge nur auf einen Buddha-Aspekt gerichtet, auf einen Bodhisattva, einen Yidam oder Dharmapala.

Wer Shine praktiziert, bereitet sich auch auf das Sterben vor, denn der Augenblick des Todes ist von größter Wichtigkeit für das Leben. Zu keiner Lebenszeit zeigt sich das Wesen des Geistes – symbolisiert durch das reine, klare Licht – so unverhüllt wie im Augenblick des Todes. Nur wer in der Meditation eine Meisterschaft errungen hat, kann im Augenblick des Todes zwischen dem reinen, klaren Licht der Buddha-Natur und dem schwachen, funzeligen Licht der Wiedergeburt unterscheiden. Daß Meditation ein Schlüssel zum Verlassen des Daseinskreislaufes sein kann, deutet Lama Anagarika Govinda an, wenn er sie eine Möglichkeit nennt, um »den Erfahrungsbereich des Bewußtseins über die Grenzen des Nur-Individuellen und zeitlich Bedingten auszudehnen«.

Was herrscht jenseits der Grenzen des zeitlich und räumlich Bedingten? Die Antwort des Vajrayana lautet: Hinter allen Erscheinungen herrscht Leere oder Leerheit, *Shunyata,* denn alle Erscheinungen sind Projektionen des Geistes und seines Bewußtseinszustandes. Ein indischer Philosoph namens Nagarjuna, der vermutlich im 2. Jahrhundert lebte, gilt als der Urvater der Lehre von Shunyata. Die Legende erzählt, Nagarjuna habe diese Lehre aus den von Schlangengeistern, *Nagas,* gehüteten Tiefen der Welten-Ozeane geborgen. Deshalb erkennt man das Abbild des Philosophen an sieben Schlangen, die sich wie ein Heiligenschein um sein Haupt winden. Nagarjuna geht davon aus, daß die Wirklichkeit unfaßbar ist und daß die menschliche Vorstellungskraft auf Gegensätzen wie Ewigkeit / Vergänglichkeit, lang / kurz, groß / klein basiert, ja daß letztlich alles nur durch sein Gegenteil existiert. Anhand der Konfrontation von Gegensätzen postuliert er: Das ganze Dilemma des Menschen ist, daß er (sein Geist) sich als getrennt von seiner Außenwelt empfindet. Und Nagarjuna kommt zu dem Schluß, alle Dinge sind ohne Wesenhaftigkeit, nämlich leer: ein Stuhl existiert nur als ein Objekt zum Sitzen, ein Stuhl an sich ist nicht existent. Die Leere ist die absolute Wahrheit, die Dualität von Samsara und Nirwana hingegen die relative Wahrheit. Nagarjuna

153

spricht von der »Nicht-Zweiheit«, *Advaya*, als der höchsten Natur der Wirklichkeit und führt aus: »Je weiter wir von der Welt entfernt sind, desto wirklicher erscheint sie uns; je näher wir ihr kommen, desto weniger sichtbar wird sie, und sie entzieht sich uns wie eine Luftspiegelung.«

Die Lehre von der Leere ist der Kern des Vajrayana, und so ist es nur konsequent, wenn das Etikett des tibetischen Buddhismus, das Diamantzepter *Vajra*, die Leerheit symbolisiert; auch wenn das Zepter ursprünglich aus Indien stammt und im Hinduismus der Donnerkeil des Kriegs- und Gewittergottes Indra ist.

Bereits in vorbuddhistischer Zeit nahmen die Tibeter an, daß Zeit und Raum unendlich und grenzenlos seien. Alles habe mit einem Urwind angefangen, aus dem der Raum, das Feuer, das Wasser und schließlich die Erde entstanden seien. Viel, viel später dann das Leben auf der Erde. In einem zukünftigen Zeitalter, dem vierten Äon, werde sich die Erde in einem Verbrennungsprozeß auflösen und ihre eigentliche Natur, die Leere, wiederfinden. Nach der tibetischen Mythologie folgt so – ohne Anfang und Ende – ein Weltgebilde, jedes mit Sonne, Mond und Planeten ausgestattet, auf das andere. Dreitausend solcher Welten sind von einer Ringmauer umgeben. Von diesen 3000 gibt es wiederum 3000 ummauerte, die ihrerseits 3000fach existieren. Also 3000 mal 3000 mal 3000 ergibt 27 000 000 000 Welten, eine unfaßbare Größe, die nichts anderes als die Unbegrenztheit des Raumes symbolisieren soll.

Um den Intellekt noch mehr zu verwirren, wird das Universum derart geschrumpft, daß es auf einem gekreuzten Doppelvajra Platz findet. In der mythologischen Vorstellung ist es wie ein Rad geformt. In der Nabe erhebt sich der Weltenberg Meru, den der heilige Berg Kailash symbolisiert. Meru ist von sieben Ring-Gebirgen und Ring-Ozeanen sowie in den vier Himmelsrichtungen von vier Kontinenten mit je zwei Nebenkontinenten umgeben. Die Materie dieser Welt setzt sich aus den fünf Elementen Erde, Wasser, Feuer, Luft und leerer Raum zusammen. Den fünf Elementen zugeordnet sind die fünf Farben Weiß, Blau, Gelb, Rot, Grün und die bereits bekannten fünf vollendeten Buddhas: Vairocana, Akshobya, Ratnasambhava, Amitabha und Amoghasiddhi.

Wilde große Kinder

Gegen die Sonne schützt sich der Tibeter mit einem breitkrempigen, olivgrünen Hut mit gefälteltem Band. Diese verwegene Kopfbedeckung aus Filz mit ledernem Kinnriemen ist Überbleibsel britischer Armeeausrüstung. Von den Schultern bis kurz über dem Knie kleidet ihn ein Fellmantel (*Chupa*) mit Stehkragen und langen, über die Hände fallenden Ärmeln. Im Sommer zeigt das zottelige Fell der Chupa nach außen, im Winter ist es nach innen gewendet. Dieser traditionelle Mantel wird von einem Hüftgurt gehalten, über dem die Chupa vor dem Bauch eine große Tasche wirft. Diese Tasche mit Eingriff von oben eignet sich prächtig zum Befördern von Einkäufen, Proviant oder auch als Etui für ein kreischendes Transistorradio. Die Chupa trägt der Tibeter über einer konventionellen Hose. Im Sommer tut es eine aus Synthetikfaser, im Winter ist sie baumwollgefüttert. Die Füße stecken in olivgrünen Turnschuhen, die vom vielen Gehen meist rissig und abgewetzt sind. In diesem Aufzug sieht man immer mehr Tibeter, je weiter man sich von Lhasa entfernt. In der Hauptstadt hingegen setzt sich das westliche Jackett mit stoffgleicher Hose immer mehr durch; marineblaue Zweireiher sind hier sehr in Mode.

Jugendliche beiderlei Geschlechts lieben Pullover und Pullunder in knalligen Farben von Apfelsinengelb bis

Pink. Die Kleidung könnte nicht kunterbunter sein. Einen gemeinsamen Nenner jedoch weisen alle Kleidungsstücke auf, ihr Gewebe ist aus Synthetik und *made in China*. Brachten einst die Engländer den Cowboyhut nach Tibet, so machen heute die Chinesen die Baseballkappe heimisch. Schwarzrot mit *Red Bull*-Aufdruck ist der Renner der Saison. Die Verwegensten tragen die Kappe nicht »Schild rückwärts«, sondern »Schild gedreht«, und zwar seitlich gedreht, als müßte nur das rechte Ohr vor der Sonne geschützt werden.

Tibet ohne Augenschutz zu besuchen ist leichtfertig. Aber müssen es gleich Augengläser im Schaufensterformat sein, wie viele Einheimische sie tragen? Durchweg verstecken Tibeter ihre Augen (und zum Teil das halbe Gesicht) hinter schwarzbraunen Sonnenbrillen, an deren Gläsern häufig noch das Firmenschildchen klebt. Das ist schade, denn sie verwehren einem den Blick in dunkle, samtig braune Augen, oft mit bernsteinfarbigen Einsprengseln, und auf markante Augenlider, deren äußere Enden wie feine Teeblattspitzen geschwungen sind. Wenn die Männer ihre Sonnenbrille absetzen und einen mustern, dann spürt man förmlich die Faszination, mit der sie in blaue Augen schauen.

Es gibt keinen besseren Ort, um tibetische Männer in ihrer ganzen (traditionellen) Pracht zu bestaunen, als den Markt nördlich des Barkhor. Am späten Nachmittag, wenn die Marktfrauen bereits das Geld zählen und die Markthalle die Rolläden herabläßt, laufen sie hier zusammen; Frauen haben bei diesen Treffen nichts zu suchen. Wer keinen Cowboyhut trägt, hat sein schweres, blauschwarzes Haar zum Zopf geflochten und mit einer roten oder schwarzen eingeflochtenen Kordel um den Kopf

157

geschlungen. Die Männer stehen in Grüppchen beisammen, reden und rauchen. Plötzlich greift einer in den Ausschnitt seiner Chupa, beugt sich zu den Umstehenden vor und zeigt ihnen etwas ganz Intimes: seinen Schmuck, der an einem schwarzen Faden, unter dem Hemd verborgen, hängt. Ein anderer holt einen wahren Schatz heraus: pflaumengroße, rosarote Korallen, meergrüne Türkise, buttergelbe Bernsteine und fingerlange, weißbraune *Zi* (dZee)-Steine an einem Bindfaden. Die Männer fassen sich an den Schultern, greifen bedachtsam nach den edlen Steinen, befühlen diese mit zartem Griff, polieren sie am Hemdkragen oder machen sie mit dem Hautfett der Nasenflügel wieder glänzend. Nach viel Fachsimpelei über Schönheit und Wert wird der Halsschmuck wieder weggesteckt – oder vielleicht nach langem Feilschen verkauft. Da die Männer meist liebenswürdig miteinander umgehen, hat diese Freizeitbeschäftigung etwas Kindliches, gepaart mit einem Hauch Homoerotik an sich. Doch manchmal tauchen auch echte Machos auf. Wie sie in Angeberpose die Beine in den Boden stemmen, haben sie viel mit unseren Goldkettchen-Machos gemein. Nur in einem Punkt unterscheiden sie sich von den nußbraunen Typen aus dem Bodybuilding-Studio: Statt mit dem tiefergelegten Porsche kommen sie per pedes daher.

Der traditionsbewußte Tibeter trägt alten, von seinen Ahnen ererbten Schmuck. Am linken Ohr hängen ein bescheidenes Korallenkügelchen und kleine Türkise. Früher trugen Adlige Ohrringe, die aus einem gut 15 Zentimeter langen Schaft aus goldgefaßten Türkisen bestanden und so schwer waren, daß sie von einem Bügel um die Ohrmuschel gehalten werden mußten. An der

—— *158* ——

rechten Hand trägt der Tibeter mindestens einen Ring
aus Silber mit gefaßter Koralle. Soviel Schmuck ist nichts
Ungewöhnliches für einen Mann. Schon ungewöhn-
licher ist ein *Zi* am Faden um den Hals. Einen Zi umgibt
eine magische Aura, denn bis heute weiß niemand
genau, worum es sich bei diesem Schmuckstein handelt.
Nach Meinung von Experten fungierten die röhrenför-
migen, schwarz- oder braunweißen Steine in prähistori-
scher Zeit einmal als Zahlungsmittel oder Grabbeigabe.
Die Zi-Steine sind jedenfalls so alt, daß sich um sie
Legenden gebildet haben. In Urzeiten sollen sie Würmer
gewesen sein, die vor Schreck zu Stein erstarrten, als man
ihnen etwas Schmutziges – einen alten Hut oder getra-
gene Socken – überwarf. Tatsächlich erinnert eine Zi-
Kette an ein gesprenkeltes Schlangengewürm. Aufgrund
der unterschiedlichen Maserung unterscheidet man zwischen Tigerzähnen, Pferdeaugen und Schafsaugen. Besonders große Heilkraft verspricht ein Zi mit einem Li-
nienornament von Kreis und Quadrat, die zusammen die
Einheit von Himmel und Erde verkörpern. Wissen-
schaftliche Untersuchungen ergaben, daß es sich bei den
Steinen um geätzte oder gefärbte Karneole handelt, die
mit gelblichen Linien und »Augen« auf dunklem Unter-
grund gebändert sind. Dank ihrer Quarzstruktur haben
viele eine durchscheinende Tiefe. Neun Augen auf
einem einzelnen Stein gelten als besonders wertvoll,
10 000 Mark werden inzwischen von Liebhabern für
solch ein rares Exemplar bezahlt. Viel weniger bekannt
sind die noch älteren Zi-Steine, die *Dschung-Zi* heißen.
Ihre Farbgebung ist weitaus heller, und ihre Linien und
Bänder sind nahezu weiß. Da sie wie Tonkügelchen aussehen, sind sie weniger wertvoll. Das Zentrum der Zi ist

die Region um Tingri, achtzig Kilometer nördlich des Mount Everest.

Jeder Buddhist besitzt eine *Mala* zum Zählen von Mantras. Anders als der Dalai Lama, der seine Mala immer ums Handgelenk gewickelt trägt, hängt sich der Tibeter seine Mala als Schmuck um den Hals. An seiner »Gebetskette« aus 108 nußbraunen Sandelholzperlen hängen überdies mehrere kurze Schnüre mit Silberperlen. Durch das Verschieben dieser Silberperlen können mehrere gezählte Mala-Runden addiert werden. Am Gürtel, über oder unter der Chupa, trägt er einen Dolch, den er wie ein Taschenmesser benutzt.

Die Chupa, der Schmuck und das Gebetsutensil, über die Jahrhunderte Bestandteil der zentraltibetischen Kultur, *B'öpa*, drohen immer mehr zu verschwinden – die Nationaltracht wird von außen bedrängt. Über China, Hongkong und Nepal kommt Westmode ins Land. So findet man heute die traditionelle Tracht am ehesten noch bei den Nomaden. Diese Tibeter bekennen sich offen zur Tradition und wagen es trotz Verbot, ihren kleinen Wanderaltar, *G'au*, mit einem Dalai Lama-Bild zu schmücken. Leider wissen die Lhasaer das Festhalten an der Tradition und den Mut ihrer Landsleute aus der Einöde nicht zu schätzen. Sie rümpfen die Nase über den scharfen »Buttergeruch« der Nomaden, die als Pilger den Yokhang belagern. »Gibt man den Nomaden den kleinen Finger, wollen sie gleich die ganze Hand«, sagen sie abfällig.

In den Augen der Normaden wiederum fehlt es den Lhasaern an Wagemut. »Die sind feige!« sagen sie. Das mag ja stimmen, aber in dieser Bewertung schwingt auch Neid mit, denn viele Lhasaer waren früher wohlhabende

Ackerbauern und begehrte Handwerker, während die Nomaden nie etwas anderes als das Umherziehen kannten. Teilt ein Ausländer die Meinung der Nomaden und bezeichnet die Lhasaer als feige, erntet er ihren Spott und wird ausgelacht. Ob er noch nie etwas von willkürlichen Verhaftungen, von Arbeitslagern in Qinghai und von einem gewissen Reting Rinpoche gehört habe, der Ende der achtziger Jahre spurlos verschwunden sei? Der Ausländer schweigt verwirrt, denn ihm gegenüber geben sich die chinesischen Behörden zuvorkommend und kooperativ. Tatsächlich ist der Lhasaer ein vorsichtiger Tibeter, der sich im Umgang mit Fremden nicht gerne festlegt. Statt mit einem klaren *minduh,* »Nein«, antwortet er auf eine direkte Frage gerne vage: *di ngäh hag'ugemindu,* »das von-mir nicht weiß«.

In der Hauptstadt wächst eine neue Generation heran, die Generation der legeren Tibeter. Diese jungen Leute kleiden sich bevorzugt in Jeans. Aber nicht nur in Jeanshosen, sondern auch in Jeansjacken und Jeanshemden. Sogar Jeanskappen und Jeanshüte tauchen in der Menge auf. Sie lieben es sportlich, Jacketts tragen sie höchst selten. Manche dieser jungen Männer in Jeans erinnern mit ihrer zum Zopf geflochtenen Mähne an Männer aus der Bronx. Wie die jungen Chinesen gehören sie zu den Postkulturrevolutionären, die jeglicher Politik überdrüssig sind. Sie wollen den Tag genießen und geben sich freizügig. Aus dem Sortiment des Lebens picken sie sich heraus, was ihnen gefällt. Haben sie Zugang zu amerikanischen Zigaretten, dann sollte es die Marke mit dem Cowboy sein. Nepalesische Filterzigaretten wollen sie schon gar nicht, dann lieber chinesische aus der Provinz Yunnan. Beim Bier ist es ähnlich. Auf die Frage nach seinem Heiratswunsch antwortet einer ihrer Vertreter, der 22jährige Guide Nima: »Meine Zukünftige sollte eine Ausländerin sein, eine Italienerin. Mit einer ausländischen Ehefrau komme ich raus. Ich bekomme von den Chinesen einen Paß und kann das Land verlassen. Wenn ich keine finde, dann eine Tibeterin. Weniger lieb wäre mir eine Chinesin. Nein, keine Nepalesin und schon gar keine Inderin.« Er lacht nicht gerade verlegen und fügt auf englisch hinzu: »I shoot a Chinese girl ... 100 Yuan!«

Chinesische Prostituierte haben Hochkonjunktur – nicht nur bei ihren Landsleuten. Am Wochenende sind die meisten OK-Bars entlang der West-Straße gerammelt voll mit zahlungskräftigen legeren Tibetern. Die chinesischen Blumenmädchen sind blaß geschminkt, kindlich jung und versuchen mit Plateausohlen an Größe zu gewinnen. Fehlen die tibetischen Freier, dann tauchen sie gerne als Dekoration von Chinesen auf, deren olivgrüne Mützen, Jacken und Hosen den Armeestatus verraten.

Eine Vorliebe teilen die legeren Tibeter mit ihren Vätern, beide lieben schwere japanische Landcruiser mit Allradantrieb, viel Chrom und getönten Scheiben. Ach, ja, auch das Essen. Reichlich Fleisch und die Gemüsebeilage mit viel Chili. Die kurzen tibetischen Nudeln in Yakfleischbrühe sind ein Nationalgericht, doch die viel raffiniertere chinesische Küche wird immer beliebter.

Guide Nima füllt seine Freizeit mit Englischlernen, Motorradfahren, Würfeln und Kartenspiel. Trifft er nach der Arbeit seine chinesischen Kollegen (was selten vorkommt), spielt er mit ihnen Mahjong. Wenn die Runde über den vielen weißgrünen Klötzchen brütet, wird mächtig geraucht, Grüntee, Buttertee oder Zuckertee getrunken und der Spielverlauf auf chinesisch kommentiert. Doch Nima kann noch viel mehr, er steckt voller Überraschungen.

Unerwartet kann er aufstehen, beiseite treten, einige Male das Mantra *om mani peme hung* vor sich hinmurmeln, wider Erwarten sich auf die Hände stützen und lachend zwanzig Liegestütze drücken. Mit roten Backen und schweißglänzender Stirn kann er plötzlich eine kleine Melodie oder einen englischen Schlager anstimmen und mit wunderbarer Stimme den Raum füllen. Auf die Frage: »Bist du Buddhist?« antwortet er mit einem Nicken. »Ich schätze nur ›DL‹ als echten Lama«, fügt er nach kurzem Nachdenken hinzu.

»Was meinst du mit ›DL‹?«

Er schaut sich um und senkt die Stimme: »So nennen wir in der Öffentlichkeit gegenüber Ausländern den Dalai Lama ...«

»Aus Sicherheitsgründen?«

»Ja, weil man nirgendwo vor Spitzeln sicher ist.« Und er erzählt, noch immer leise, daß Tibeter, die mit einer Chinesin liiert sind oder aus einer chinesisch-tibetischen Ehe stammen, nur »CT« heißen.

Am nächsten Tag wird er bei der Betreuung der Reisegruppe strikt darauf achten, daß im Kloster keine Dalai-Lama-Bilder an die Mönche und tibetischen Pilger verteilt werden. Er kennt seine Pflichten und weiß von älteren Kollegen, wie schnell man seinen Job verliert. Nima ist kein Einzelschicksal. Wie ihm ergeht es auch den anderen Reiseleitern – einmal sind sie Freund, dann wieder Aufpasser. Ein solches Zwitterdasein provoziert natürlich Lügen, Unverbindlichkeit und Ängste.

In seinem Job verdient Nima monatlich 800 Yuan. Im Sommer gibt es viel zu tun, im Winter nahezu nichts.

Wenn er mit einer Gruppe reist, ist er immer hilfsbereit und bescheiden. Er assistiert beim Zeltaufbau, beim Kochen, und nachts schläft er mit dem chinesischen Fahrer zwischen den Vorräten im Fond. Tagsüber sitzt er vorne im Landcruiser und informiert in knappen, mit vielen Fakten durchsetzten Sätzen über Sehenswürdigkeiten, Land und Leute. Zu seinem guten Englisch kam er auf recht ungewöhnliche Weise.

Als Nima ins Schulalter kam, schickte ihn sein Vater ins indische Exil. Heute ist sein Vater Pensionär, damals arbeitete er als Kader der chinesischen Stadtverwaltung von Lhasa. Seine gehobene Stellung und Pekings Reformkurs ermöglichten es ihm, seinen Sohn zur Ausbildung nach Dharamsala zu schicken. Dort lebte und lernte Nima in der *Tibetan Children Village School*, die in Lhasa jeder unter dem Kürzel TCV kennt. Im Exil lernte er Englisch und wurde nach strengen moralischen Richtlinien erzogen: nicht lügen, nicht rauchen, nicht trinken und nichts mit Mädchen haben.

Als 1995 die Reformpolitik einen Rückschlag erlitt, mußte der Vater auf Anordnung der Chinesen seinen Sohn zurückbeordern. Bei Weigerung drohten der ganzen Familie drakonische Strafen von Enteignung bis Gefängnis. So kehrte Nima im selben Jahr in seine Heimat zurück. Mit einem Verhör wurde er an der Grenze empfangen, mit einem Verhör in Shigatse ging es weiter, und mit einem Verhör in Lhasa fand die Rückkehr ein trauriges Ende. Geblieben ist das Mißtrauen gegenüber dem Indien-Tibeter, der ja ein DL-Spion sein könnte. Nima leidet unter diesem Druck und wurde ein hektischer Kettenraucher. Noch immer verspürt er wenig Lust, sein Chinesisch in Wort und vor allem Schrift zu verbessern.

So gerät er unter seinen Altersgenossen, die in Chengdu oder Beijing studiert haben, ins Hintertreffen, auch wenn er besser Englisch als sie und sogar Hindi spricht. Ohne Chinesischkenntnisse ist sein berufliches Fortkommen erschwert. Als Guide muß er alljährlich eine Qualifikationsprüfung in chinesisch absolvieren, die er jedesmal mit Ach und Krach meistert. Nur knapp hat er das letzte Mal bestanden und seine Lizenz für das neue Arbeitsjahr erhalten. Zum Glück ist Nima ein umgänglicher Typ, eben leger und ans Durchlavieren gewöhnt.

Vor zwei Jahren fand er nach längerem Suchen eine Anstellung im Reisebüro eines Indien-Tibeters. Mit dessen chinesischem Fahrer verstand er sich auf Anhieb, und bald wurden Nima und Xiao Han ein unzertrennliches Gespann. Der Chinese springt für den Indien-Tibeter ein, wenn es um einen Behördengang oder chinesischen Papierkram geht. Dafür hilft Nima Xiao Han beim Umgang mit Tibetern und unterstützt ihn, der zwar in Lhasa geboren ist, aber noch immer kein vernünftiges Tibetisch spricht. Die Bereitschaft der ortsansässigen Chinesen, Tibetisch zu lernen, ist erschreckend gering.

Auch wenn sie aufeinander angewiesen sind, pflegt doch jeder seine Eigenheiten und Vorlieben. Mit dem langen Nackenhaar, dem goldenen Ohrring und der Jeans-Montur wirkt Nima wie ein Streuner aus der Bronx, während Xiao Han mit seinem Bürstenhaarschnitt und seinem hellgrauen Jackett eher einem Yuppie aus Manhattan gleicht. Hingegen rauchen beide, schlafen auf Reisen in einem Raum, essen mit Stäbchen, lieben Hongkong-Videos über alles und schimpfen auf die Bürokratie. Gerne träumen beide in den Tag hinein und ließen am liebsten Tibet Tibet sein.

Womöglich steckt hinter dieser Haltung einfach ein Zuviel an verwirrender Erziehung. Wie oft wurden beide »erzogen« oder »umerzogen«? In Dharamsala lehrten sie Nima, daß Rauchen schädlich ist, genauso wie Biertrinken und Kartenspielen. Buddhistische Moral stand im Stundenplan ganz obenan. Nach Tibet zurückgekehrt, mußte er erleben, daß alle um ihn herum rauchen, trinken, spielen – und zu chinesischen Huren gehen. Wie sollte er als einzelner diesem gesellschaftlichen Druck standhalten? Da auch politisch und kulturell andauernd Druck ausgeübt wird, verwundert es nicht, daß das Verhalten junger Tibeter und Lhasa-Chinesen etwas Glattes hat. Und jene berüchtigte Schere im Kopf wird auch erklärbar. Verdutzt, nahezu ängstlich, schauen sich Nima und Xiao Han an, wenn ihr ausländischer Fahrgast über einen Polizisten schimpft, der den Wagen unterwegs anhält, um kostenlos mitzufahren. Es ist schon traurig, daß die jungen Leute nichts anderes als das Prinzip von Zuckerbrot (blendendes Warenangebot aus China und der Welt) und Peitsche (Bestrafung für ein offenes Ja zum Dalai Lama) kennen.

Den stärksten Rückhalt findet Nima in seiner Familie, bei der er auch wohnt. Vor fünfzehn Jahren erbauten seine Eltern im Osten des Barkhor ein einstöckiges Hofhaus im tibetischen Stil. Der Staat verpachtete ihnen den Grund für 99 Jahre, und sie bezahlten 10 000 Yuan für die Errichtung der weißgekalkten Steinmauern und das Gebälk, auf dem die bemalten Decken und das Flachdach aus gestampftem Lehm ruhen. Obwohl die ganze Verwandtschaft der Familie damals mit Erspartem ausgeholfen hat, mußte Nimas Vater noch einen Bankkredit aufnehmen – als Staatsangestellter zu vorteilhaften Kon-

—— 166 ——

ditionen. Das Risiko hat sich gelohnt, inzwischen ist das Haus das Dreifache wert.

Hinter der namenlosen Eingangstür wacht ein halbblinder Mastiff an einer kurzen Leine. Meist liegt er auf dem glatten Beton vor der Treppe zum hochgelegenen Plumpsklo. Wenn jemand an die Pforte klopft, hebt das uralte Tier nur müde die riesige Schnauze. Dafür kommt ein weißer Winzling angetobt. Kläffend wird der Gast begrüßt, dann dreht der Schnauzermischling blitzartig mehrere Runden um den Solarofen, ein parabolartig gewölbtes Chromblech mit einer Kesselhalterung in der Mitte, der zwischen Hoftor und Hauseingang steht. Im Schatten der drei Meter hohen Mauer, die auf das Haus zuführt, wächst eine kleine Sensation: ein fruchtbarer Aprikosenbaum. Ertragreich wirkt auch das kleine Gemüsebeet vor dem Glasvorbau des Hauses.

Vom Hof führt eine Steintreppe in das erste Stockwerk, das drei Zimmer aufweist. Über eine schmale Veranda betritt man Nimas Kammer. Die verputzten Wände zieren Landschaftsposter, auf dem Eisenbett liegt ein roter Tibeter, der mit dem unendlichen Knoten in Blau gemustert ist. Der kleine Resopal-Schreibtisch ist mit einem wirren Stapel Bücher, einem vollen Aschenbecher, einer beweglichen Schirmlampe und einem verstaubten Transistorradio beladen. Gleich daneben steht auf einer mit buddhistischen Glückssymbolen bemalten Truhe ein Fernseher mit zwei abgespreizten Teleskopantennen. Über der Lehne des Schreibtischstuhles, der mitten in der Kammer steht, hängen Jeanshosen und Jeanshemden. Aus einer Ecke, knapp unter den bemalten Deckenbalken liegt ein ausgebleichtes Steinbockgeweih, das Nima auf einer Touristentour zum Kailash aufgegabelt hat. In diesen vier Wänden könnte sich auch ein deutscher Teenager wohlfühlen.

Das Zimmer nebenan gehört Nimas älterer Schwester, einer Gynäkologin aus dem Volkskrankenhaus. Sie lebt mit ihrem Mann und dem dreijährigen Sohn auf fünfundzwanzig Quadratmetern. Neben einer senffarbenen Sitzgruppe aus Plastikleder baut sich ein schwarzer Riesenfernseher auf. In einer Glasvitrine verstauben Souvenirs und Nippes. An der Wand hängt eine Stickerei, die den Potala in kräftigen Brauntönen zeigt. Vom Radioapparat verläuft ein langes Antennenkabel quer über die Wand. Die Fenster zur Veranda hin sind mit fleischfarbigen Gardinen verhängt. Das letzte Zimmer, dessen Zugang mit zwei Emailschüsseln verstellt ist, gehört Nimas jüngerer Schwester, einer Mittelschullehrerin. Sie ist oft außer Haus und beliebt die grasgrüne Tür stets abzuschließen.

Im Erdgeschoß haben sich die siebzigjährigen Eltern in zwei Räumen eingerichtet. Außerdem gibt es noch eine dunkle Küche und eine finstere Duschnische. Der lichteste Raum ist ein Wintergarten, vollgestellt mit teppichbelegten Sofabetten, auf denen man im Schneidersitz Tee trinkt und der Geselligkeit frönt. Der auf drei Seiten verglaste Raum mit Blick in den Garten kann nur im Sommer genutzt werden. Im Winter steht der sechsköpfigen Familie ein innerer, ofenbeheizter Wohnraum zur Verfügung. Auch hier ist der Wohlstand nicht zu übersehen. An den mit grüner Lackfarbe spiegelglatt gestrichenen Wänden reihen sich Kommoden in tibetischem Stil mit vielen bunten und goldenen Schnitzereien. Der moderne Altar ist ein extragroßer mattschwarzer Toshiba-Fernsehapparat mit integrierten Boxen, über dem eine Art

Fototapete hängt. Kein Buddha, kein Schneegipfel, kein
Potala – nichts Tibetisches, sondern etwas Chinesisches:
die mit Kiefern bewaldeten, nebelverhangenen Gipfel
des Huangshan, eines Gebirges westlich von Shanghai
im Morgenlicht. Im Nebenzimmer hängt ein Buddha-
Poster, das den goldglänzenden Erleuchteten nicht weniger lieblich zeigt als den Panda auf der Ledercouch.

Auf einem kniehohen Holztisch mit tibetischen Blu-
menornamenten dampfen Schalen mit *Momo*, fleischge-
füllten Teigtaschen, die in China *Jiaozi* und im Schwa-
benland Maultaschen heißen. Neben jeder Schale steht
auf der rotlackierten Tischplatte eine Deckeltasse für Tee.
Je nach Gusto kann jeder zwischen salzigem Buttertee
oder süßem Milchtee wählen, beide Getränke stehen in
zwei Thermoskannen bereit. Als eine Art Dessert trinken
Tibeter immer öfter Milchtee. Zum Frühstück muß es
aber stets der salzige Schwarztee mit Yakbutter sein.

Das Momo-Essen bekommt seine Würze nicht durch
die Unterhaltung, sondern durch den herumgereichten
eingemachten Chili. Gesprochen wird wenig, schon gar
nicht über Politik, obwohl die zweisprachigen Abend-
nachrichten von Lhasa-TV ins Wohnzimmer rieseln. Das
Kleinkind jammert leise und in einem fort. Ängstlich
schaut es hinter dem Rücken seiner Mutter hervor auf
die lange Nase des Fremden. Mit einem sanften Singsang
in der Stimme besänftigt die Mutter schließlich ihr ver-
schüchtertes Kind. Erst nach dem Essen fallen Worte.
Nachdem Nimas Vater die Eßstäbchen säuberlich auf die
Porzellanschale gelegt und sich bedächtig eine Zigarette
angezündet hat, beugt er sich vor, und klar vernehmbar
kommen zwei Namen über seine Lippen: »Bierhoff,
Beckenbauer«. Mit stolzem Nicken wendet der alte Ti-

—— 169 ——

beter sein gegerbtes Gesicht dem Sohn zu, und dieser übersetzt daraufhin, daß sein Vater den deutschen Fußball sehr gut finde. Der deutsche Gast lächelt und nickt anerkennend. Das Familienoberhaupt steht vom Eßtisch auf und schlurft zum Fernsehsessel hinüber – vermutlich das Signal, daß das Essen beendet ist. Sofort erheben sich die Frauen und tragen die Schalen und die Stäbchen ab. Der alte Herr spricht nochmals herüber und winkt ein letztes Mal. Sein Sohn übersetzt: »Du sollst bald wiederkommen, dann essen wir Yakfleisch, sagt mein Vater.« Nima öffnet die Tür des Wintergartens und tritt in die Dämmerung hinaus. Schon ist der Schnauzermischling zwischen seinen Beinen und rast zum Tor. Respektvoll schaut der Gast auf den einst scharfen Mastiff und verabschiedet sich ohne Handschlag, mit Winken und einer Verbeugung. Draußen vor dem Hof frischt der Abendwind auf, und von der Hauptstraße erhellt eine Straßenlaterne die langgezogene Gasse.

Tibeter – egal, ob leger oder traditionell – sind viel sensibler als ihr wettergegerbtes Äußeres vermuten läßt. Und sie sind viel schwächer, als man glaubt. Sie können wie wehleidige Kinder jammern und flehen. Auch erbärmlich dreist betteln. »Gutschi, gutschi, gutschi«, rufen sie einem zu und zupfen den Fremden am Ellbogen. Hat man Erbarmen und verschenkt etwas Eßbares, zum Beispiel eine Banane, dann antworten sie nicht mit einem Danke, *tuksche she*, sondern deuten fordernd auf die Cola-Dose, die man noch in der Hand hält. Natürlich herrscht in vielen Gegenden Tibets Armut, doch nicht in Dharamsala, wo zu viele Exiltibeter gelernt haben, wie man mit Jammern westliches Kapital ergattern kann.

Der moderne, amerikanisch beeinflußte Exiltibeter

beherrscht Taiji, trägt Schlabbershorts, eine Mala um den Hals und um das Handgelenk ein Stückchen schwarzweiße Lassoschnur als Zeichen seiner Opposition gegen die chinesische Besatzung. Sein T-Shirt ziert die eindeutige politische Botschaft »Save Tibet«. Aus der Ferne beklagt er die Zustände in jenem Land, das einst sein Vaterland war. Aber hinfahren und etwas verändern, das will er erst, wenn es befreit ist. Fragt sich nur von wem?

Sonstige Eigenschaften sind schnell aufgezählt: wenig diplomatisch, wenn es um Ermessensspielräume geht, kumpelhaft gegenüber Reisenden aus dem Westen, herablassend gegenüber Nepalesen und Indern, konsequent bis zu strafender Hartnäckigkeit, naiv gegenüber Versprechen, immer zu Rabbatz bereit. Untereinander sind Tibeter kameradschaftlich, herzlich und hilfsbereit. Aber sie sind auch Mimosen. Hat jemand einen banalen Fehler begangen, kann es vorkommen, daß ihm sein Würfelpartner das heißgeliebte Spiel für eine Woche verweigert. Sie lieben die Gemeinschaft der getrennten Geschlechter, in der die Männer mit den Männern und die Frauen mit Frauen beisammensitzen.

Was alle Tibeter auszeichnet, ist ihre Kindlichkeit. Ihre verspielte Kinderseele vertraut unerschütterlich auf die große Mutter Erde. Stundenlang können sie auf den Fersen hocken und mit einem Stöckchen oder einem Kiesel in der Erde rühren. Auf diese Kindlichkeit haben die chinesischen Kommunisten ihren Machtbereich ausgedehnt und eine Ödnis in der tibetischen Seele angerichtet – das ist das eigentliche Verbrechen der neidischen chinesischen Kommunisten.

In Lhasa und auch an anderen Orten begegnen uns immer häufiger Chinesen. Wir können sie nicht ignorieren.

Im Gegenteil, wir müssen unser Augenmerk auf sie richten. Die Gesichtszüge eines Chinesen sind weniger ausgeprägt, weniger gebirgig als die eines Tibeters. Dessen Teint ist auch um einige Schattierungen dunkler und wirkt immer wie leicht gebuttert. Chinesengesichter sind glatter, breitflächiger, und Chinesennasen sind weniger markant. Beim Tibeter strahlt das maskuline Naturell aus dem ganzen Gesicht und nicht nur aus den Augen wie beim Chinesen. Die plakative Männlichkeit des Tibeters zieht den Chinesen entweder an oder macht ihn neidisch. Sein blauschwarzes Haar trägt der Tibeter meistens lang, was seiner Erscheinung etwas Wildes und Uriges verleiht. Sein Gang ist nicht schlurfend müde, er bewegt sich drahtiger als der Chinese. Nima vergleicht seine Landsleute gern mit den Italienern und ahmt deren hitzige Sprechweise verblüffend genau nach. Nach längerem Nachdenken fällt ihm als Pendant zum Chinesen der Amerikaner ein.

Angesichts der geographischen Ausmaße der Volksrepublik China verwundert es nicht, daß sich die Chinesen des Nordens von denen des Südens in Sprache, Wesensart und äußerer Erscheinung erheblich unterscheiden. Die große Masse der Tibet-Chinesen stammt aus der südwestlichen Nachbarprovinz Sichuan. Die Sichuaner, von alters her Händler, Handwerker und Köche, gelten als durchtrieben, selbstironisch, extrem anpassungsfähig und humorig. Die Ausländerfeindlichkeit der Kantonesen ist ihnen fremd. Außerdem sind sie nicht so schwatzhaft wie die Shanghaier, und keinesfalls geradlinig wie die Pekinger. In Tibet betreibt dieser Menschenschlag vor allem Restaurants oder Imbißbuden, auch Krämerläden und Geschäfte. Früher waren viele der heutigen Restaurantbesitzer Fahrer oder Friseure.

Ein Chinese, der sich in Tibet ansiedelt, braucht keinen Gesellenbrief oder eine ordentliche Berufsausbildung nachzuweisen. Aber niemand soll glauben, daß diese Menschen zufrieden und glücklich sind, denn sie leben auf fremdem Boden – und das wird selbst in hundert Jahren so bleiben.

Die älteren Tibeter und Chinesen gehen sich aus dem Weg. Treffen sie aufeinander, dann nie ohne Mißtrauen. Tibeter leben in permanenter Angst vor Spitzeln. Nicht zu Unrecht, denn der Alltag ist durchsetzt mit tibetischen und chinesischen Wasserträgern des Regimes. Gemeint sind nicht die blutjungen chinesischen Soldaten, die in Grüppchen unbewaffnet und unglücklich durch die Straßen von Lhasa oder durch ihre Garnisonsdörfer streunen, gemeint sind die Zivilisten, die allerorts aus dem Nichts auftauchen können. Sie tragen schwarze Jacken aus weichem Leder mit Knöpfen aus Goldimitat und ein Ledertäschchen am Handgelenk. Dieses Quentchen an Gediegenheit macht einen Spitzel zu einer heimlich belächelten Figur. Da er zur allmächtigen Public Security gehört, wagt niemand offen über ihn zu spotten. PSO-Spitzel können sich überall ungefragt niederlassen. Betritt einer von ihnen einen öffentlichen Raum, um sich am Ofen aufzuwärmen, steht sofort die Hälfte der Leute auf und macht sich demonstrativ aus dem Staub. Die Zurückgebliebenen verstummen. Anstatt den Fremden persönlich anzusprechen, fragen sie die herumsitzenden Tibeter der Reihe nach: »Woher kommt der Ausländer?« Die Tibeter zucken mit den Schultern, obwohl sie Bescheid wissen. Sie stellen sich dumm und verweigern die Kommunikation.

Jede Menge Zöpfchen

Ihr ganzer Stolz ist ihr Schmuckgehänge. Zu Ketten aufgereihte rohgeschliffene Türkise zieren ihren dunklen Hals und den Scheitel. Das schulterlange Haar trägt sie in sehr vielen feingeflochtenen Zöpfchen auf dem Rücken zusammengebunden. An den kräftigen braunen Arbeitshänden blitzen Silberringe mit Korallen, und Armreifen umschließen ihr Handgelenk. Geschmückt ist auch die Körpermitte. Vor den Bauch hat sie sich ein ziseliertes Silberblech wie ein riesengroßes Wappen geschnallt. Zur Türkiskette und zur Sandelholz-Mala gesellt sich häufig ein Amulettbehälter. Handelt es sich um eine Ehefrau, dann hat sie sich eine kunstvoll gestreifte lange Schürze umgebunden und eine schnullerartig geformte Bernsteinbrosche ins geflochtene Haar gesteckt. Die traditionelle Tibeterin ist mit Schmuck behängt. Vorausgesetzt die Zierde ist echt und antik, stellt sie einen beachtlichen Reichtum dar. Es ist der mit Korallen, Türkisen und Bernsteinen reich besetzte Silberschmuck, der ihre Weiblichkeit betont, denn ihre Kleidung unterscheidet sich kaum von der des Mannes.

Bei der alltäglichen Arbeit wäre ihr der schwere Schmuck nur hinderlich, denn sie muß kräftig zupacken. Traditionell gehört zu ihren Aufgaben: Melken, Käsen, Dungsammeln, Weben und das Rösten und Mahlen der

Gerste zu Tsampa. Tibeterinnen sind so fleißig, daß sie
sogar noch beim Spazierengehen arbeiten – sie stricken.
Ihr eifriges Tun prägt ihre ganze Erscheinung und
gibt ihrem kraftvollen Gang etwas Aristokratisches. Vielleicht ist der viele Schmuck ja auch nur deshalb ihr ganzer Stolz, weil er sie mit den Mühen des Alltags ver-
söhnt.

In Lhasa und im Exil begegnet uns eine zweite Sorte
Frauen, das sind die legeren Tibeterinnen. Sie zeigen sich
fast ohne Accessoires, legen aber viel Wert auf eine klo-
bige Armbanduhr von Casio oder Swatch, auf figurbe-
tonte Jeans und ein zartes Goldkettchen unter dem sexy
T-Shirt. Von ihren traditionellen Schwestern unterscheiden sie sich nur äußerlich. Im Wesen sind sie einander
gleich, nämlich aufmunternd, zupackend, fröhlich scher-
zend, im Gespräch fassen sie den anderen gern am Arm
oder klopfen ihm auf die Schulter. Mit ihrem Interesse
am männlichen Geschlecht halten sie nicht hinter dem
Berg, verstecken es nicht wie Chinesinnen hinter alber-
nem Gekicher oder frostiger Arroganz. Mit entwaffnender Natürlichkeit äußern sie ihre Wünsche, selbst um die
Sexualität schlagen sie nicht verklemmt einen Bogen.
Gefällt einer Gruppe Frauen in einer Fernsehübertra-
gung einer jener ellenlangen schwarzen US-Basketballer,
dann stoßen sie sich mit dem Ellbogen an, zwinkern sich
zu und lachen aus vollem Hals. Sie sehen gerne Sportsen-
dungen, aber noch lieber romantische Filme ohne
Kitsch. Mit ihren älteren und traditionsbewußten
Schwestern teilen die legeren Tibeterinnen eine uner-
sättliche Neugierde. Und je älter die Frauen sind, desto
dreister ihre Neugierde. Diese Eigenart ist so ausgeprägt,
daß sie über alles und jeden Bescheid wissen wollen. Ist

ein Fremder gerade dabei, einen Stoff zu kaufen, treten sie ohne Umschweife hinzu, nehmen ihm wortlos den Stoff aus der Hand, um das Gewebe eingehend zu betasten und zu prüfen. Nach einer Weile geben sie den Stoff, nicht einmal verlegen grinsend, wieder zurück.

Haben sie sich etwas in den Kopf gesetzt, kann sie nichts zügeln. Resolut rufen Marktfrauen ihr »hello«. Es kommt auch vor, daß sie einen potentiellen Käufer am Ärmel packen und mit beiden Händen zu ihrem Souvenirstand zerren. Will man nichts kaufen, sie aber fotografieren, dann drehen sie sich sofort weg.

Junge wie alte Frauen lieben das Zusammensein in der Gruppe. Sie können stundenlang zusammenstehen, miteinander gehen oder sitzen und reden. In den Zelten der Nomaden ist es die Regel, daß die Männer links und die Frauen rechts sitzen, niemals aber in gemischten Gruppen. Abends, nach getaner Feld- oder Hausarbeit, schlendern die Frauen den Dorfanger entlang, lachen fröhlich, manche singen, und wenn sie einen Ausländer entdecken, kann schon mal eine keck herüberrufen: »I kiss you!« Sie erntet schallendes Gelächter, auch wenn die anderen die kleine Anzüglichkeit vermutlich nur erahnen.

Daß sie sich bei der vielen Arbeit und ihrer minderen Stellung – *kyemen,* »mindere Geburt«, ist das gängigste Wort für Frau – ihre Fröhlichkeit bewahrt hat, ist der Tibeterin hoch anzurechnen. Da auf dem Lande die Tradition noch stark verwurzelt ist, hat sie mit vielen Vorurteilen aus der alten Gesellschaft zu kämpfen. So galten Gebärende als unrein und mußten ihr Kind im Küchenzelt oder im Stall, in jedem Fall außerhalb des Wohnbereiches zur Welt bringen. Bei der Geburt waren nur

Frauen zugegen, und Hilfe erhielten sie nur von der Mutter oder ihren leiblichen Schwestern.

Zweifellos hat sich ihr Schicksal in der modernen Gesellschaft verbessert, wenn man bedenkt, daß Frauen einst mit Namen wie »weiblicher Mensch«, *pumo*, oder *gaweshi*, »die Begierde hat«, oder »die ohne Samen ist«, *tobmema*, belegt wurden. Diese überlieferten Bezeichnungen deuten an, daß vormals Geburt und Sexualität eine große Rolle spielten und freizügiger gehandhabt wurden als in China oder Japan.

Schon früh kann es zum Geschlechtsverkehr kommen, deshalb brauchen die jungen Leute aber nicht gleich zu heiraten. Eine Frau muß auch nicht jungfräulich in die Ehe gehen. Heute pflegen die Geschlechter einen recht natürlichen Umgang miteinander. Junge Paare können sich in der gemischten Schule, beim Sport, im Kino, im Restaurant oder beim Tanzen kennenlernen. In der alten Feudalgesellschaft bestimmten die Väter, wer wen ehelichte. Nach dem Heiratsbefehl sandte der Bräutigam seiner Braut die Hochzeitskleidung und den Zierschmuck ins Haus. Ohne Murren hatte sie beides anzulegen. Die Abordnung wartete vor der Tür, um die Braut auf einer trächtigen Stute zu dem Bauernhof oder Nomadenzelt des Bräutigams zu geleiten. Es war Brauch, daß ein Bruder der Braut durchs Dorf oder durch die Zeltsiedlung lief und einen Pfeil als Symbol des Lebensbaumes und eine Hammelkeule als Symbol für Wohlstand durch die Luft schwenkte.

Als dieser Hochzeitsbrauch noch gang und gäbe war, herrschten in Tibet Polygamie und Polyandrie – die Verheiratung einer Frau mit mehreren Männern, meistens mit Brüdern einer Familie. Noch heute trifft man auf

dem Land leibliche Brüder mit einer gemeinsamen Ehefrau. Da mit der Polyandrie der Besitz zusammengehal-
ten wurde, war der Brauch bei den Bauern und dem Adel
sehr verbreitet. Als Vater der aus solchen Verbindungen
hervorgegangenen Kinder galt stets der älteste der Brüder. Die Mehr-Männer-Heirat stärkte ohne Zweifel die
Stellung der Frau, war aber in der Feudalgesellschaft viel
weniger populär als die Polygamie. Wegen der Mönchs-
quote (noch im letzten Jahrhundert ging jeder vierte
Mann als Mönch ins Kloster) herrschte ein großer Frau-
enüberschuß im Tibet der letzten Jahrhunderte.

Erhält eine junge Familie Nachwuchs, dann bitten Vater und Mutter einen Lama, dem Neugeborenen einen
glückverheißenden Namen zu geben. Die beliebtesten
Namen lauten Tashi (Glück), Wangchuk (Mächtiger),
Lhaga (Freude der Götter). Dieser sogenannte Dharma-
Name schmückt den Familiennamen und ist zugleich
Rufname. Es gilt als unhöflich, einen Mann oder eine
Frau nur mit dem Familiennamen anzureden. Entweder
benutzt man den glückverheißenden Namen, oder man
hängt wie die Lhasaer an den Namen ein »La« an. Anders
in Shigatse, da stellt man aus Höflichkeit vor den Namen
ein »Ahji« oder »Ahjue«.

Sinnenfrohe Menschen lieben zu plaudern und zu feiern. Die Geburt eines Kindes, eine Hochzeit, ein Geburtstag und Nationalfeiertage wie *Losar* bieten Anlaß
genug, um sich festlich zu kleiden und unter Menschen
zu gehen. Besuchen sich Familien in ihren Häusern,
dann vollführen die Männer ein uraltes Ritual: zum Zeichen ihrer Ehrerbietung strecken sie einander die Zunge
heraus. Anschließend verbeugen sie sich tief, umfassen
zur Begrüßung die Hände des anderen mit beiden Hän-

— 178 —

den und überreichen einen weißen Glücksschal. Selbstverständlich wird der Khatak mit beiden Händen entgegengenommen.

Mit Losar, dem tibetischen Neujahrsfest, beginnt das Mondjahr nach dem traditionellen tibetischen Kalender. Am letzten Abend des alten Jahres (im Januar oder Februar unserer Kalenderrechnung) strömen die Bauernfamilien zum Dorfkloster und die Lhasaer zum Yokhang, um an der segensreichen Mahakala-Puja der Mönche teilzunehmen. Anschließend zieht sich die Familie in ihr Heim zu einem traditionellen Essen zurück. Dieses Abendessen muß nicht üppig sein. Zwei Gerichte reichen aus: zum einen die Orakelsuppe, zum anderen die Momo-Ravioli, in denen als Überraschung ein Los oder eine Geldmünze versteckt sein können. Wer etwas auf sich hält, tischt mehrere Gänge auf, immerhin sollte sich das Mahl bis nach Mitternacht hinziehen. Am Morgen des Neujahrstages besucht die ganze Familie Verwandte und Freunde. Glücksschals werden ausgetauscht, und alle sitzen zusammen, tanzen und amüsieren sich bei Buttertee, Bier oder Schnaps. An Losar wird tibetische Oper gespielt. Das Heldenepos »König Gesar« (es gilt als das längste der Welt) ist nach wie vor populär. In Vergessenheit geraten ist hingegen eine sportliche Attraktion – das Seilrutschen von der Südseite des Potala bis zum großen Platz hinab.

Zwischen dem dritten und 25. Tag des ersten Mondzyklus (Ende Februar, Anfang März unseres Kalenders) wird *Mönlam Chenmo*, »das Große Gebet«, gefeiert. Im Yokhang und im Kloster Tashilhünpo in Shigatse versammeln sich die Mönche zu einem segensreichen Gebet für das ganze Land. Im Jahr 1409 von Tsongkhapa eingeführt, ist Mönlam Chenmo wohl das wichtigste Fest der Gelugpa.

Buddhas Geburtstag, seine Erleuchtung und sein Tod werden zu Vollmond im Mai gefeiert – an Saga Dawa (»Frühlingsmonat«). An diesem Tag findet in jedem Kloster eine Puja statt. Wer kann, besucht die große Puja im Yokhang oder nimmt am Berg Kailash an der Errichtung des Weltenbaumes teil. An Saga Dawa umrunden die Lhasaer den Barkhor und Lingkhor, den äußeren Umrundungsweg, der sich noch außerhalb des Potala um die Stadt zieht. Im Chingdröl Chiling-Park auf der Rückseite des Potala trifft sich die halbe Stadt, festlich geschmückt, zum Picknick unter blühenden Bäumen. Mit Beginn des Juni finden Feierlichkeiten in Shigatse, Drepung und Tsurphu statt. In den Stammklöstern der Gelugpa und Kagyüpa werden die riesigen Thangka entrollt und Maskentänze aufgeführt. Am 6. Juli feiern die Exiltibeter in Dharamsala den Geburtstag des Dalai Lama. Am 1. August finden in Litang, im Westen der Provinz Sichuan, Pferderennen, eine Yakauktion und ein großer Markt statt. An vielen Orten begrüßen die Menschen den heraufziehenden Herbst mit dem Joghurt-Fest und der Feldsegnung.

Magenbitter

In seiner tiefroten Robe könnte der behandelnde Arzt auch ein Mönch sein. Diesen Eindruck verstärken noch seine Worte: »Begierde, Haß und das Nichterkennen von Zusammenhängen sind schuld daran, daß es Krankheiten gibt.« Mit Schwung schlägt er den heruntergerutschten Ärmel zurück und rückt auf seinem Schemel näher.

Welcher Patient fühlt sich bei dieser Diagnose nicht ertappt? Während er über die Umstände seiner Reise ins Grübeln gerät, tastet der Arzt mit Daumen und Zeigefinger nach dem Puls dicht hinter der Handwurzel. »Das Herz ist an sich gesund, es muß sich aber gegen zu viel *lung* wehren ...«

»*lung*?«

»Wind«, übersetzt der Dolmetscher und erklärt, daß dieses Zuviel an Wind den gleichförmigen Rhythmus des Herzens störe. »Mit *lung* ist es wie mit der Luft, *lung* ist immer in Bewegung, sehr unbeständig, immer flüchtig.« Der Arzt in der Robe will noch einen Blick auf die Zunge werfen. Mit der Aufforderung »Den frischen Morgenurin bringen Sie mir morgen, dann kann ich noch mehr sehen«, beschließt er die Examination. Bevor er die Rechnung schreibt, füllt er schwarzbraune Kräuterpillen, groß wie Mozartkugeln, in kleine Plastiktütchen.

—— 181 ——

»Die Pillen müssen zerbissen und lange eingespeichelt werden. Sie müssen dreimal täglich vor dem Essen genommen werden«, erläutert der Dolmetscher beim Verlassen des nach Lakritz riechenden Raumes. Während sie auf den Barkhor hinaustreten, erzählt er, daß die meisten Pillen zwischen fünf und fünfunddreißig Kräuter und zum Teil auch mineralische und tierische Substanzen wie Holzkohle und Yakhorn enthielten.

Dem Patienten wird langsam mulmig, als er hört, daß es in der tibetischen Medizin sogenannte Juwelenpillen aus pulverisierten Halbedelsteinen und Spuren von Eisen, Kupfer und Quecksilber gebe. Unterschieden würden sie nach dreierlei Geschmack und Geruch der Ingredienzen: flüchtig und scharf, ölig und verbrannt riechend, weich und schleimig. Mit einem schelmischen Grinsen erzählt der Dolmetscher, daß die Ärzte früher zusätzlich zur Behandlung mit Kräuterpillen eine erhitzte Eisennadel auf bestimmte Körperpunkte setzten, bis die Haut Brandblasen warf.

»Eine recht derbe Art zu akupunktieren«, bemerkt der Patient und probiert seine erste Kräuterkugel. Sie schmeckt bitterscharf wie ein Magenschnaps und läßt sich kauen wie altes Brot. Zu guter Letzt erfährt er, daß Pulsfühlen, Zungenschau, Verquirlen von Urin mit einem Metallstab und die Kotschau die gängigsten Methoden der Diagnostik sind.

Für die tibetische Medizin, auch Kunst des Heilens, *gSo-ba Rig-pa,* genannt, hat jede Krankheit zwei Ursachen. Erstens ist sie Ausdruck von Unwissenheit, Haß und Gier, den größten menschlichen Schwächen nach buddhistischer Auffassung. Zweitens zeigt sich in jeder Krankheit eine Dysfunktion der fünf Elemente Erde,

Wasser, Feuer, Luft und leerer Raum. Für die tibetische Medizin ist der Körper gewissermaßen ein Aggregat, in dem jene fünf Elemente wirken. Sie materialisieren sich in den Körpersäften und können mit den fünf Sinnen wahrgenommen werden. Zu den Körpersäften zählen Blut, Fleisch, Fett, Knochen, Mark und der aus der Verdauung hervorgegangene Speisesaft sowie die Geschlechtssäfte Sperma und Regelblutung. Der Schweiß, das Haar, die Finger- und Fußnägel und die Galle werden als Rückstände von Blut und Knochen bezeichnet. All diese Säfte fließen durch ein Kanalsystem, das den gesamten Körper durchzieht.

Anders als in der westlichen Medizin haben die grobstofflichen Organe wie zum Beispiel die Leber oder die Körperflüssigkeit Blut auch eine feinstoffliche Funktion. So bezeichnen die tibetischen Ärzte die Säfte, die im Körper fließen, auch als biologische »Vernunft«. Diese Art von Vernunft ist abhängig von jenem Wind, *lung*, der feinstofflich innerhalb wie außerhalb des Körpers existiert und alle Information im Körper und in ihn hinein transportiert. Grobstofflich betrachtet, dient die Leber der Blutreinigung. Feinstofflich betrachtet, ist sie das Zentrum der Energie. Zu ihrem Funktionskreis gehören auch die Gallenblase und die Galle, der auf feinstofflicher Ebene Aktivität, Macht und Stärke zugeschrieben werden. Ebenfalls in zweifacher Hinsicht betrachtet die tibetische Medizin den Schleim. Grobstofflich ist er die Hauptsubstanz und macht die Körperlichkeit der Lebewesen aus. Feinstofflich fungiert er ernährend. Um dieses Verständnis zu verdeutlichen, sei noch erwähnt, daß in der Körperbetrachtung das Nabelzentrum mit der Leber (und angehängten Gallenblase) als Sitz des Feuers bezeichnet wird. Darunter liegt das Wasserelement und unter diesem das Erdelement.

Diagnostiziert der Arzt nun eine Leber-Dysfunktion, so muß er zwischen zwei Behandlungsmethoden wählen: entweder die Leberfunktion anregen oder beschwichtigen. Will er die Leberfunktion beschwichtigen, verordnet er Pillen, die die Eigenschaften süß und bitter fördern. Will er ihre Funktion anregen, verordnet er Pillen, die die Eigenschaften warm, ölig, scharf und abführend fördern. Kurzum, ein Arzt ist ein guter Arzt, wenn er es versteht, durch Dämpfung oder Anregung die geschwächten Körpersäfte und Organe wieder zu kräftigen.

Gesundheit ist nach tibetischer Auffassung ein dynamischer Prozeß, kein statischer Zustand. Deshalb empfiehlt ein Arzt auch stets dem Patienten, sein Verhalten, seine Emotionen und seine Beziehung zur Umwelt zu verändern und seine Ernährung umzustellen. Erst danach erfolgt eine medikamentöse Behandlung. Wenn die Kräuterpillen nichts helfen, werden äußere Heilmaßnahmen wie Moxibustion, Verbrennen eines Kräuterkegels auf der Haut, und »Akupunktur« mit einem erhitzten Metallstab angewendet.

Eine eigenständige Heilkunst bildete sich in Tibet parallel zur Inkulturation des Buddhismus ab dem 7. Jahrhundert heraus. In den Anfängen spielten die indische Ayurveda-Medizin und die traditionelle chinesische Medizin eine überragende Rolle. Erst ab dem 14. Jahrhundert kann man von einer eigenständigen Medizin, die den Namen *gSo-ba Rig-pa* verdient, sprechen. Da die Kunst des Heilens eng mit dem Schicksal des Buddhismus verbunden war, litt sie unter jedem Konflikt zwischen den vier Schulen. Infolge der Querelen zwischen

Gelugpa und Kagyüpa spaltete sich die medizinische Tradition im 15. Jahrhundert in die Schule von *Tchang Byang* und die von *Zur*. Diese Spaltung hatte viel mit Dogmatismus und Rechthaberei zu tun, so wurden für bestimmte Heilkräuter nur unterschiedliche Namen eingeführt. Noch vor Beginn des 17. Jahrhunderts wurde die Spaltung aufgehoben und die beiden Schulen in dem Kommentar »Aquamarin« wiedervereint. Als größte Leistung der östlichen Medizingeschichte gilt die Abfassung der »Vier Bücher der Heilkunde«, *Rgyud-bzhi*, im 17. Jahrhundert.

Zu stark in der Tradition verhaftet, hat es die Medizin der Neuzeit versäumt, ein allgemeines Gesundheitswesen für das Volk aufzubauen. Noch vor siebzig Jahren kamen auf 10 000 Menschen durchschnittlich vier Ärzte. Die größten Volkskrankheiten waren Unterernährung (die durchschnittliche Lebenserwartung lag damals bei 36 Jahren, heute liegt sie bei 65) und Pocken. Noch im Jahr 1925 starben allein in Lhasa 7000 Menschen an dieser ansteckenden Krankheit. Seit Tibet zur Volksrepublik China gehört, hat sich die medizinische Versorgung verbessert. Heute gibt es in jeder Stadt ein Krankenhaus und mehrere Ambulanzen. Jede Kleinstadt und jedes Dorf verfügt über eine kleine Krankenstation mit Ärzten für westliche und tibetische Medizin.

Ein Reisender, der akut an Durchfall, Höhenkrankheit, Bronchitis oder Grippe erkrankt, sollte sich den Besuch beim traditionellen tibetischen Arzt gut überlegen. Kräuterpillen wirken, aber sie wirken sehr langsam. Gerade bei der Höhenkrankheit ist schnelle Hilfe vonnöten, und bei einer Bronchitis kommt man an Antibiotika nicht vorbei. Wenn möglich, sollte man ein lokales

— 185 —

Krankenhaus aufsuchen oder im Hotel nach einem Arzt fragen.

In Städten wie Lhasa, Shigatse und Gyantse gibt es neben den staatlichen Krankenhäusern auch private und halbstaatliche Ambulanzen entlang der Hauptstraße. An dem roten Kreuz auf weißem Grund sind sie leicht zu erkennen. Doch Vorsicht, hier wird man auf Gassenniveau untersucht, von einem Arzt in fleckigem Jackett, mit schwarzgeränderten Fingernägeln und einer weißen Mütze auf dem Kopf. Stracks will dieser Heiler einem eine Glucose-Infusion (»gut gegen Schwächen aller Art«) verabreichen, während seiner Assistentin im gleichen Moment einfällt, mit einem Besen den staubigen Betonboden des Behandlungsraums zu kehren und die Fliegen zu verscheuchen.

Im staatlichen Krankenhaus, wo die Untersuchung und die Medikamente bar bezahlt werden müssen, ist das Personal besser ausgebildet, aber schon beinahe ruppig; vermutlich, weil es viel mit verängstigten kranken Ausländern zu tun hat. Die hohe Verantwortung kann zur Folge haben, daß dem Reisenden bei einer Bronchitis nicht nur ein Breitband-Antibiotikum verabreicht, sondern ihm auch noch die Lunge geröntgt und Blut abgenommen wird.

Tibet braucht nicht krank zu machen! Wer aber trotzdem Antibiotika nehmen muß und auf Diamox nicht verzichten will, kann zumindest die uralte tibetische Gesundheitsregel beachten:

> Halte die Winde nicht zurück
> Halte den Schleim nicht zurück
> Halte den Samen nicht zurück.

Tönende Kehlen und kopflose Schrift

Die Herkunft des Namens »Tibet« gibt noch immer Rätsel auf. Vermutlich kommt er aus dem Arabischen, denn in arabischen Schriften aus Zentralasien wird in Zusammenhang mit geographischen Angaben, die auf das Schneeland zutreffen, häufig ein *Tubbat* erwähnt. Ausgehend von diesen Quellen meinen die einen, der Name Tibet sei durch eine Lautverschiebung aus *Tubbat* hervorgegangen. Andere wiederum führen ihn auf einen vokalischen Lautwandel aus dem tibetischen Namen *Töpö*, was Oberes Tibet heißt, zurück. Der Gelehrtenstreit berührt die Tibeter wenig; sie bezeichnen ihr Land als *Pö* oder *Pöyül* (»Land Tibet«) – und sich selbst nennen sie *Pö pa*.

Die tibetische Sprache gehört zur Gruppe der tibetobirmanischen Sprachen. Demnach ist Tibetisch viel stärker mit dem Birmanischen verwandt als mit der Sprache von über einer Milliarde Chinesen. Tibetisch hat seinen eigenständigen Charakter bewahrt und wird heute von über sechs Millionen Menschen gesprochen. Im Gegensatz zum Chinesischen ist die Sprache des Schneelandes sehr homogen: bei einer Landesgröße von über einer Million Quadratkilometern gibt es nur drei Dialekte: *Amdo-käh*, *K'am-käh* und *Lhassa-käh*.

Die meisten Reisenden sind bei der Verständigung mit Einheimischen auf Englisch angewiesen. Nun ist aber

— *187* —

bekanntlich die Sprache der Schlüssel zum Herzen der Einheimischen. Doch welche deutsche Volkshochschule bietet schon Kurse in Tibetisch an? In den deutschsprachigen Ländern kann man die Sprache nur an wenigen Universitäten bei Professoren oder in vier, fünf buddhistischen Zentren bei tibetischen Lamas erlernen. Bleibt einem einzig der Kauf eines kleinen Diktionärs. Nicht nur! Man kann auch unvorbereitet nach Tibet reisen und das Zuhören (wieder) erlernen. Auch durch das reine Zuhören kommt man in der Fremde weiter, näher an die Einheimischen heran.

Tibetisch ist mehr als eine Melodie aus vielen Kehlen, Tibetisch ist ein mit reicher Gestik, mit großen, ausladenden Hand- und Kopfbewegungen einhergehender Singsang. Will ein Tibeter seine Zustimmung artikulieren, sozusagen sein Okay geben, dann formen sich seine Lippen zu *drihgere* und sein Körper sagt »Ja«, indem der Kopf kurz zur Seite, in Richtung Schulter, geneigt wird. Es gibt auch Ausdrucksweisen, bei denen die Kehle tonlos bleibt und nur der Körper spricht. Wenn zum Beispiel ein Tibeter (sehr selten eine Tibeterin) mit der linken Hand in die rechte Armbeuge schlägt, dann ist das gleichbedeutend mit »Leck mich...«. Oder er streckt seinem Gegenüber den Allerwertesten entgegen, dann hat diese wortlose Geste denselben Sinn.

Die Tibeter verstehen es, ihre Sprache geradezu theatralisch zu intonieren. Sie sprechen in lauten kehligen Tönen. Anfangs ist der Zuhörer verwirrt, glaubte er doch für einen Moment, eine hohe Kopfstimme zu vernehmen. Doch im nächsten Augenblick tönt es wie aus dem Bauch gesprochen nach. Der Redefluß erinnert ein bißchen an das Plappern eines Kindes, gipfelt manchmal auch in einem Stakkato, das – gehässig formuliert – ein Hustenanfall sein könnte. Aus einer schnell gesprochenen Unterhaltung hören die fremden Ohren viele Laute wie »uh«, »du«, »la« und »gu« heraus.

Jawohl, die Unterhaltung ähnelt einem Singsang. Das liegt daran, daß die Sprachmelodie die Tonleiter erklimmt oder hinabsteigt. In hoher wie in tiefer Tonlage können die Töne entweder kurz oder lang oder fallend klingen. Wie im Chinesischen sind die Tonhöhen eine Philosophie für sich und für Außenstehende schwer erlernbar. In Wörterbüchern werden sie durch abwärts oder aufwärts oder abwärts-aufwärts weisende Häkchen über den Silben dargestellt. Eine mit einem Strich namens *cheg* markierte Silbe verdeutlicht, daß sie die kleinste bedeutungtragende Einheit ist. Zum Beispiel *na* (»ich«). Die Silbe ist also nicht nur wichtig als bloßer Laut, sondern auch als ein Baustein der Sprache, dessen Sinn und Bedeutung je nach Tonhöhe variiert. Das heißt: Die Tonhöhen verleihen der Sprache nicht nur ihre charakteristische Melodie, sondern dienen vor allem dazu, der gewünschten Silbe den richtigen Sinn zu geben. Es ist wie in einer Sinfonie, das falsche Spiel eines einzelnen Musikers (Silbe) bringt das Spiel des ganzen Orchesters (Satz) durcheinander. Zur Erläuterung ein Beispiel: O (tiefer Ton)- *ma* (hoher) heißt Milch, während O (tiefer)- *m* (hoher) *a* (fallender), also *o-màh*, jüngere Schwester heißt. Aus Gründen der Lesbarkeit wird hier auf die Aussprachezeichen verzichtet.

Da Tibetisch in seinem Ursprung auf einsilbigen Wortwurzeln basiert, wird es immer noch als monosyllabische Tonsprache bezeichnet, auch wenn sich im Zuge der Modernisierung immer mehr zweisilbige Wörter herausgebildet haben. Zum Beispiel ist *mo dra* (alles Fahrbare mit vier Rädern) vom englischen Wort *motor* abgeleitet.

Es wäre ein Frevel, über die »tönende« Sprache zu sprechen und zu verschweigen, daß die Tibeter, insbesondere die Männer, durchweg sehr schön singen können. Die tibetische Volksmusik klingt für unsere Ohren lebhaft und angenehm romantisch mit einem leicht wehmütigen Unterton. Ihre langgezogenen Akkorde haben viel Schmelz, wenn es darum geht, die Sehnsüchte der tibetischen Seele zu intonieren. Im Vergleich zur chinesischen Volksmusik hört sich die tibetische weniger schrill und süßlich an.

Untersucht man das Wesen der Sprache, so zeigt sich ein klarer, stringenter Aufbau mit wenig Grammatik. Die meisten Worte sind entweder ein- oder zweisilbig wie *Pö pa*, Tibeter. Im Vergleich dazu umfaßt das Instrumentarium der deutschen Sprache mindestens 10 000 Silben, außerdem kommen im Deutschen dreisilbige Wörter am häufigsten vor.

Wer sich für mehr als nur für einzelne Worte oder Begriffe interessiert, der sollte wissen, daß ein Satz in der Regel nach folgender Wortstellung aufgebaut ist: Subjekt – Objekt – Prädikat, z. B. »Ich dich sehe«. Eine weitere Besonderheit ist, daß das Verb immer am Ende steht wie im folgenden Satz: »Ich Deutscher bin«, *nga dschermänni jin*, wobei *mi* »Mensch« heißt. Ebenfalls nachgestellt sind Eigenschaftsworte und hinweisende Fürwörter. So heißt es in der wörtlichen Übersetzung »Haus weißes« und »Mann kleiner«. Eine weitere Besonderheit ist das Fehlen von Artikel und grammatikalischem Geschlecht bei Hauptwörtern. Also: *kusch'u ssum* (»Apfel drei«). Will ein

Tibeter besonderen Wert auf die Mehrzahl legen, dann verdoppelt er einfach das Hauptwort. Wird im Deutschen eine Frage durch das Vertauschen von Subjekt und Prädikat gebildet, hängt der Tibeter dem unveränderten Satzbau zusätzliche Worte an.

Welche Worte sollte ein Reisender kennen, um wenigstens ein Lächeln zu ernten? *Taschi delek* (»Guten Tag und Auf Wiedersehen«). Zu diesem Gruß werden die Handflächen vor der Brust senkrecht zusammengeführt. Um einen kleinen Lacherfolg zu erheischen, reicht schon ein *tuksche she* (»Danke schön«). Wer sich ärgert und seinem Ärger durch den Ausruf *kjagpa so* Luft macht, der erntet immer eine Lachsalve, denn *kjagpa so* heißt wörtlich übersetzt »iß Scheiße«.

Wer auch noch den ungefähren Sinn von *minduh* (»nein, nicht, das fehlt, das gibt es nicht«) kennt, der kann in einiger Hinsicht schon mitreden, wenn Tibeter palavern. *Lasso* oder *jöh* heißt »ja, habe ich«, während *mäh* »habe ich nicht« heißt.

Yakscha, momo, pödscha und *thukpa* (»Yakfleisch«, »Ravioli«, »Buttertee« und »Nudeln«) sind Worte, die einen nicht verhungern lassen. Ich kenne keinen, der nicht über die Aussprache von »Ng« gestolpert wäre. Deshalb der Tip: Ng entspricht einem nasalierten »n«, wobei das »g« nur gehaucht wird wie bei »I*nge*«.

An dieser Stelle sei noch erwähnt: Bei der Anrede wird genau unterschieden nach Alter, Geschlecht und gesellschaftlicher Stellung. Die Alten werden vor den Jüngeren begrüßt. Eine Hierarchie der Ehrenbezeigung unterscheidet zwischen Freunden und Bekanntschaften, zwischen Adligen und Mönchen oder Nonnen sowie zwischen geistlichen Vertretern und weltlichen. Bei einer

Einladung zum Essen werden nicht die Frauen als erste begrüßt, sondern die ältesten Männer.

Ein Augenschmaus ist die kraftvolle, sehr regelmäßig wirkende Schrift. Doch woran erkennt man sie überhaupt? Überall erblickt man zwei verschiedene Schriftarten. Was ist nun tibetisch, was chinesisch? Die Reklametafeln und Neonschriften an den Gebäudefassaden und die Hinweisschilder an den Straßenkreuzungen sind allerorts doppelt beschriftet. Hier gilt die Faustregel: die obere Schrift ist chinesisch, die untere tibetisch. Die chinesischen Zeichen wirken verquirlt und aus der Reihe tanzend, während die tibetischen durch ihre geradlinige Ornamentik bestechen. Da beide Sprachen wenig Berührungspunkte haben, müssen die Chinesen (wie wir Ausländer) tibetische Begriffe und Namen nach dem Hören transkribieren. Zum besseren Verständnis der Lautähnlichkeit: China heißt auf chinesisch *Zhong Guo* (»Reich der Mitte«) und auf tibetisch *Trungg'o*. Und umgekehrt wird Amdo als *Qamdo* ins Chinesische transkribiert. Nach der chinesischen Umschrift *Pinyin* wird die zweitgrößte Stadt Tibets nicht Shigatse, sondern *Xigaze* geschrieben. Ich folge dieser Pinyin-Transkription nicht, sondern verwende die traditionelle tibetische Umschrift.

Die tibetische Schrift (*Pö jih*) ist rechtsläufig und erinnert an eine Partitur. Häkchen und Striche, wellenförmige Unter- und Überlinierungen und Ligaturen wechseln sich ab, bilden eine Art wiederkehrenden Takt und formen eine eindrucksvolle Gesamtkomposition. Der Eindruck einer Partitur entsteht dadurch, daß die Schrift nicht aus graphisch getrennt geschriebenen Wörtern besteht, sondern aus einzelnen Silben, die zur tonalen Kennzeichnung mit jenem *cheg* genannten Strich versehen sind.

Die Schrift basiert auf einem Alphabet aus dreißig Grundbuchstaben, die sich seit dem 7. Jahrhundert nicht entscheidend verändert haben. Damals wurde sie von einem Minister namens Tönmi Sambota in Anlehnung an die indische Gupta-Schrift geschaffen. Im Jahr 632 war dieser Minister von König Songtsen Gampo nach Kaschmir geschickt worden, um die Kunst des Schreibens zu studieren. Der Minister war mit dem königlichen Auftrag ausgestattet, buddhistische Schriften aus dem Sanskrit in eine eigenständige tibetische Schrift zu übersetzen. Lange vor jenem Schriftimport, kommunizierten die Tibeter mit Knotenschnüren und Kerbstöcken.

Heute werden im Buchdruck zwei Schrifttypen unterschieden: einmal die »Kopfschrift«, bei der die Buchstaben wie »Köpfe« auf langen Strichen zu sitzen scheinen. *Ucen* wirkt kantig und gezirkelt, sie besticht durch ihre regelmäßige Ornamentik. Dann die »Kopflose Schrift«. *Ume* wirkt unregelmäßiger, so als seien die Buchstaben nicht Köpfe, sondern Körper mit ausgreifenden Armen und Beinen Die Strichfolge verläuft bei beiden Schrifttypen von oben nach unten und von links nach rechts.

In den großen Klöstern von Ganden und Drepung wird noch wie in alter Zeit gedruckt: mit Druckerschwärze aus zerriebener Birkenholzkohle auf Papier aus Faserbrei. Die langen, losen Blätter der Sutra-Bündel werden wie eh und je mit Druckstöcken hergestellt, auf denen die Texte in Spiegelschrift eingeschnitzt sind.

Das Zentrum des buddhistischen Schrifttums befindet sich heute in Osttibet, im kleinen Ort Derge (Dégé) an der Überlandstraße nach Chengdu. Hier kann man auch das bedeutendste Archiv mit historischen Schriften des Buddhismus besichtigen. Der größte Schatz ist das original erhaltene große Tripitaka *Kangyur* (»Übersetzung der Lehre des Buddhas«). Der dreihundertbändige Kanon enthält alle aus dem Sanskrit ins Tibetische übersetzten buddhistischen Schriften.

Buttertee und Gerstenbrei

Um Ihnen gleich reinen Wein einzuschenken, Tibet ist kein kulinarisches Paradies. Vermutlich erwartet dies auch keiner, eher mag den einen oder anderen die Frage bedrücken: Werde ich auf dem Dach der Welt auch satt?

Wer sich mit Yakfleisch, *yak scha*, Ravioli, *momo* und Nudeln, *thukpa*, begnügen kann, der braucht sich nicht zu grämen. Diese drei Grundnahrungsmittel gibt es in jedem Zeltdorf, an jedem Straßenimbiß und in jedem Eßhaus (*Sakhang*). Wer in eine Familie zum Essen eingeladen wird, bekommt eine Schale mit Momo vorgesetzt, die mit Yak- oder Hammelfleisch und Gemüse gefüllt ist. Auch die Teigwaren aus Gerstenmehl entfalten erst ihren herzhaften Geschmack in einer Fleischbrühe mit vielen Fettaugen. Das hochgelegene Tibet ist ein Land der Fleischesser, ja der Fleischliebhaber. Erst seit die chinesische Armee eine Treibhauskultur eingeführt hat, kann man sich in der warmen Jahreszeit auch von einer Gemüsevielfalt aus Kartoffeln, Spinat, weißen Rüben, Rettich, Sellerie, Zwiebeln, Saubohnen, Lauch, Paprika, Shitake-Pilzen, Raps, Kohl, Linsen und Erbsen ernähren. Außerdem karren die chinesischen Händler in Lkw-Kolonnen Bananen, Äpfel, Birnen und sogar Pfirsiche und Orangen aus der Provinz Sichuan herauf. Entspre-

chend üppig sehen die Marktstände in Lhasa und Shigatse aus. Im Süden kommen nepalesisches Gemüse und
Obst ins Land.

Somit eignet sich Tibet auch als Ziel für Vegetarier,
von denen es unter Buddhisten bekanntlich viele gibt.
Wohlgemerkt Buddhismus und Vegetarismus bedingen
einander keineswegs. Die tibetischen Klosterküchen ser-
vieren Fleisch vom Yak, vom Lamm und vom Hammel.
In abgelegenen Klöstern über 4500 Höhenmetern ist
Gemüse eine festliche Delikatesse. Die meisten (nicht
alle) tibetischen Buddhisten essen anstandslos Fleisch.
Allerdings überantworten sie das Schlachten der Tiere
den berufsmäßigen Metzgern. In Lhasa sind es Muslime,
die der eingewanderten Minorität der Hui angehören.
Die Arbeit der Metzger, so sagen gläubige Tibeter, ge-
schehe ohne Haß und Zorn, sei also eine vertretbare
Form des Tötens. Sie sehen einen engen Zusammenhang
zwischen Essen und Gegessenwerden: Das Materielle des
getöteten Tieres gehe auf den Esser über und versorge
diesen mit Kraft und Wärme. Nach ihrem Verständnis
opfert sich das getötete Tier dem Menschen und kann
dadurch in einem höheren Daseinsbereich wiedergebo-
ren werden. Ein unwissendes Tier kann somit in einem
neuen Leben zu einem wissenden Menschen werden.
Eine Grundaussage des Buddhismus lautet: Ohne Tod
kein Leben. Außerdem hat der Mensch, der bekanntlich
nicht nur aus Hunger tötet, die besondere Fähigkeit, sich
von jeglicher Negativität zu reinigen.

Ist ein gläubiger Tibeter gezwungen, ein Tier zu töten, dann spricht er im Augenblick des Tötens ein Mantra. Zur Großschlachtung wird ein Lama eingeladen, der
Mantras rezitiert, um den Schlachttieren eine Wiederge-

burt in einem höheren Daseinsbereich zu ermöglichen. Die Tiere, insbesondere die Vögel, die in öden Landstrichen leben, sind deshalb so zutraulich, weil Tibeter traditionell das Töten von Fischen und Vögeln als Verstoß gegen den buddhistischen Moralkodex ablehnen. Ein kultivierter Tibeter würde niemals in einem chinesischen Restaurant einen lebenden, in einem Aquarium schwimmenden Karpfen oder Barsch zum unmittelbaren Verzehr bestellen. Seit Tibet besetzt ist, sieht man an den Ufern des Tsangpo und des Lhasa River zusehends mehr Angler, allerdings weitaus mehr Chinesen als Tibeter.

Früher wurden die Schlachttiere meistens erstickt, heute werden sie mit einem Stich ins Herz getötet. Mit dieser Methode soll verhindert werden, daß das Blut aus dem Körper entweicht. Blut gilt als sehr wertvolles Nahrungsmittel, und Blutwurst, in den Därmen zubereitet und aufbewahrt, als Delikatesse. Tibeter lieben auch Fleisch mit einem Hautgout. Um *Chayip* zu erhalten, wird Fleisch mehrere Tage lang in der Erde vergraben. Meistens wird das frische Fleisch gekocht, seltener gebraten (Köcheln bietet sich wegen des Brennstoffmangels nicht an), denn Gebratenes verursache Kopfschmerzen, sagen sie.

In einem so hochgelegenen und kargen Land hat das Lufttrocknen von Fleisch und anderen Lebensmitteln eine lange Tradition. In jedem Nomadenzelt liegen stets zehn bis fünfzehn getrocknete Yakkeulen zwischen den Vorräten entlang der Zeltwände. Das Familienoberhaupt säbelt mit seinem Gürteldolch bemerkenswerte Stücke ab und verteilt diese an die Gäste. Dazu wird *Tsampa*, geröstetes Gerstenmehl, gereicht, mancherorts auch geröstetes Hafer- oder Erbsenmehl.

Die Gerste – sie wächst in Monokulturen auf den

Hochebenen von Lhasa, Shigatse und Gyantse – wird nach der Ernte gedroschen, von Steinchen und Erde gereinigt, dann gewaschen und an der Luft getrocknet. Tsampa erhält man, indem man die Körner in einem Mörser zerstampft, bis sich die Spelzen lösen. Anschließend werden die Körner in einer flachen Eisenpfanne langsam geröstet, damit die gelbliche Farbe erhalten bleibt. Um ein Anbrennen zu verhindern, ist der Pfannenboden mit Sand belegt. Am nächsten Tag werden die erkalteten Körner gesiebt und schließlich sehr fein gemahlen. Das Mehl wird in Säcke aus Leder oder Leinen gefüllt und unter den Vorräten verstaut. Zweifellos würden unsere Bäcker jetzt ans Brotbacken denken, nicht so die Tibeter. Sie vermischen eine Handvoll Mehl mit Buttertee und kneten die Masse in ihrer hölzernen Trinkschale oder eine größere Menge in einem Ledersack so lange, bis ein fester Teigkloß entsteht. Der längliche Kloß heißt *Pa* und wird – ungebacken – zum Frühstück, zu Mittag und zum Abendessen verspeist. Je nach Geschmack wird in den zähen, feuchten Teig gesalzene Yakbutter, geriebener Käse oder auch Kristallzucker gemengt. Gerstenmehl, mit viel Milch oder Yoghurt (*Cho*) gestreckt, ergibt einen suppigen weißlichen Brei.

Aus Tsampa bestehen auch die *Torma* (Küchlein), die während der Puja symbolisch den Schutzgottheiten und Hungrigen Geistern geopfert, tatsächlich aber nach der Puja ins Freie gebracht und den Vögeln und Hunden zum Fraß vorgeworfen werden. Dreieckig geformte Torma werden den zornigen Gottheiten, konisch geformte den friedvollen Gottheiten geopfert. Zu festlichen Anlässen sind sie mit Yakbutter bunt bemalt und erinnern an Objekte der Popart.

Kein Nahrungsmittel ist unter Ausländern so umstritten wie der Buttertee *Pödscha*. Um eine Debatte erst gar nicht aufkommen zu lassen, sei dieses Getränk nicht als Tee, sondern als Bouillon charakterisiert, als eine Art salzige Brühe mit dem Geschmack eines Edelpilzkäses, etwa Roquefort. Tritt dieser Geschmack allzu stark hervor, dann ist vermutlich die verwendete Butter ranzig. Um sich an den salzigen, fettigen Buttertee zu gewöhnen, sollte man den Tee wie eine Brühe – zum Schließen des Magens – trinken. Oder als Medizin gegen den Höhenkoller, führt er doch dem eingedickten Blut Flüssigkeit zu und spendet dem Körper Energie.

Zur Zubereitung von Buttertee wird eine mindere Qualität von Teeblättern samt Astholz verwendet. Die harten Blätter stammen von den unteren, alten Zweigen des Teestrauches. In der chinesischen Provinz Yunnan werden sie zu Teeplatten gepreßt und nach Tibet transportiert. Die Verwendung minderer Blattqualität hat nichts mit chinesischer Arroganz zu tun, sondern viel mit dem Verlangen nach einem kräftigen, zubeißenden Teegeschmack. Der Tee wird am Abend aufgekocht und stehen gelassen. Über Nacht entsteht ein Sud, der Kaffee zum Verwechseln ähnlich sieht. Erst wenn eine Prise Soda hineingestreut wird, hellt er sich leicht auf. Jetzt wird der Tee nochmals erhitzt und in ein Butterfaß gegossen. In die braune Brühe kommen ein kräftiger Schlag Yakbutter und eine Prise Salz, auch etwas Zucker, dann wird das Gemisch mit einem hölzernen Stößel verquirlt.

Yakbutter findet vielseitig Verwendung: Gern wird sie aus der Hand wie ein Stück Emmentaler gegessen. Ferner dient sie zum Eincremen von Gesicht und Haaren. Ungenießbar gewordene, schimmelige Yakbutter hält die

Opferlampen in den Tempeln am Brennen. Die im Westen verbreitete Ansicht, Tibeter schätzten ranzige Butter als Delikatesse ist falsch. Zwar mögen sie Yakfleisch mit einem leichten Stich, aber ranzige Butter finden sie ganz und gar nicht köstlich. Da Yakbutter, in Yakdärmen eingenäht, oft lange eingelagert und transportiert werden muß, wird sie auch bei niedrigen Temperaturen irgendwann ranzig. Also: Je frischer die Butter, desto begehrter ist sie – auch im Buttertee.

Der populärste tibetische Käse ist nichts anderes als getrocknete Sauermilch. Was wie eine Halskette aus puderbestäubten weißen Würfeln aussieht und an den Marktständen hängt, ist ein »Käsekranz«, der als Reiseproviant dient. Die Käsewürfel sind so hart, daß sie über Stunden eingespeichelt werden müssen, bevor man sie überhaupt kauen kann.

Besteht das traditionelle Frühstück aus gesalzenem Buttertee und Tsampa, so essen die Tibeter zu Mittag oft die Nudelsuppe *Gyatoup* oder Momo. Zum Abendessen wird ein zweites Mal die Nudelsuppe serviert, diesmal mit Yakknochen angereichert. Zu besonderen Anlässen kommt süßes Gebäck auf den Tisch. *Kabzes* sind in siedender Butter frittierte süße Krapfen aus Reismehl. Und natürlich *Chang*, das tibetische Gerstenbier, dessen Alkoholgehalt bei 15 bis 20 Prozent liegt. Zur Herstellung von Chang werden Gerste und Hirse eingekocht, dann wird der Brei an der Luft getrocknet. Anschließend wird die Masse gesalzen und mit *Tchoung Tsi* (getrockneter Hefe) vermischt, zu einem Klumpen geformt und in ein Holzfaß gelegt, wo das Gemisch zwei Monate lang gärt. Nach Ablauf des Gärungsprozesses streut man eine Prise Pfeffer und Zucker über den Inhalt des Holzfasses und gießt kochendes Wasser darüber. Sobald das starke Gebräu etwas abgekühlt ist, wird es in Becher gefüllt und mit einem Trinkhalm geschlürft. Wie Chang wird auch der tibetische Klare aus Hirse oder Gerste destilliert.

Seit Chinesen mit Kesselpfanne, Chili und ihrer weltberühmten Kochkunst angerückt sind, ist auf dem Dach der Welt ein kulinarischer Wettstreit ausgebrochen. Der Wettstreit fing harmlos an, als vor Jahrhunderten elfenbeinerne Eßstäbchen das Herz der tibetischen Aristokratie eroberten. Damals aß das Volk noch mit den Fingern. Lange Zeit begnügten sich die Tibeter mit der Hausmannskost ihrer Väter. Doch heutzutage, da alle mit Einwegstäbchen aus Holz essen, wird die schmale tibetische Küche von der üppigen chinesischen bedroht. Und die Reisenden aus dem Westen tragen ihren Teil dazu bei. Selbst wenn sie keine Chinesenfreunde sind, kehren sie doch zumindest zum Abschied von Tibet beim Chinesen ein. Dort bestellen sie weißen Reis und Süßsauer vom Schwein. Am Nebentisch sitzen Tibeter, die genüßlich mampfen: geröstete Ente à la Kanton und drei Gänge glasig gebratenes Wok-Gemüse. Über die Tische hinweg prosten sich die Gäste zu – nicht mit Chang, nein, mit Lhasa-Beer, das aus Bayern importiert sein könnte.

Grün von zuviel Nesselsuppe

*E*s war einmal eine Göttin, die hieß Avalokiteshvara und lebte in Südindien auf dem Gipfel des Berges Potala. Eines Tages verirrte sich ein weißer Affe in ihr Reich zwischen Himmel und Erde. Sie nahm das Tier zu sich und weihte es in die Geheimnisse des Buddhismus ein. Als der Affe die Lehre verstanden hatte, schickte sie ihn gen Norden, hinauf aufs Dach der Welt. Dort, im Yarlung-Tal, ließ er sich nieder und begegnete schon bald einer Fee. Die beiden verliebten sich und zeugten sechs Affenkinder. Als diese heranwuchsen, verkümmerten ihre Schwänze und aus ihnen wurden Menschenkinder eines neuen Geschlechts – des Geschlechts der Tibeter.

Ein Yogi, der um das Jahr 1000 lebte und den sie Milarepa nannten, berief sich gerne und voller Stolz auf seine Vorfahren, die Kinder des weißen Affen. Als junger Mann war Milarepa nach dem Tod seines Vaters von einer habgierigen Verwandtschaft um das Erbe gebracht worden. Aus Zorn über den Betrug wandte er sich der Schwarzen Magie zu und sorgte für Verderben unter seiner Sippe. Nachdem er viele getötet und all seine Verwandten ruiniert hatte, übermannten ihn Skrupel, und er wandte sich reuevoll an den berühmten Übersetzer Marpa.

Marpa nahm Milarepa als Schüler und befahl ihm, zur

— 202 —

Läuterung vier Häuser zu bauen. Tatkräftig ging Milarepa an die Arbeit. Als ihm sein Meister gebot, das erste fertiggestellte Haus wieder abzureißen, kam er ins Grübeln. Aber er baute weiter. Bald wußte er nicht mehr aus noch ein, da sein Meister von ihm verlangte, jedes der vier Häuser nach der Fertigstellung wieder einzureißen. Erst spät erkannte der eifrige Milarepa den tieferen Sinn der Zerstörung: Jedes Haus hatte eine besondere Form, so symbolisierte das mit dem kreisrunden Grundriß das Wasser, das mit dem mondsichelförmigen die Luft, das mit dem dreieckigen das Feuer und das mit dem viereckigen Grundriß die Erde. Marpa hatte seinen Schüler die vier Elemente schaffen und zerstören lassen, um ihm das Wesen aller Dinge, die Leere, begreiflich zu machen. Erst als Milarepa diesen tieferen Sinn begriffen hatte, schickte ihn sein Lehrer in die Einsiedelei, damit er sich selbständig weiterforme.

Vor einer abgeschiedenen Höhle über dem Ort Nyanam fand Milarepa eine Wasserquelle und Wiesen mit wildwachsenden Nesseln. Diese Höhle wurde sein Zuhause, und er ernährte sich von den Nesseln, die er in Wasser kochte. Mit den Jahren wurde seine Haut ganz grün und sein Haar bekam einen grünen Schimmer. Fern von den Siedlungen der Menschen widmete er sich der Meditation. Er lernte, die Natur des Geistes zu erkennen, und es gelang ihm, diesen zu lenken. In tiefster Versenkung erlernte er die Levitation und das Fliegen: immer wieder flog er zu dem unglaublichen Schloß, das im Schatten der Augenbrauen liegt.

In fortgeschrittenem Alter erlangte Milarepa Erleuchtung. Dafür hatte er nicht Mönch werden müssen. Niemals in seinem Leben hatte er die rote Mönchskutte getragen, stets kleidete er sich in das weiße Tuch eines Yogi. Und als Zeichen der Achtung vor dem natürlichen Wachstum des Lebens trug er sein Haar ungeschnitten. In der Abgeschiedenheit des Himalaja verbrachte er viel Zeit mit Singen.

Bevor er ein Lied anstimmte, pflegte er seine rechte Hand, dem Klang der Stille, der eigentlichen Natur der Wirklichkeit lauschend, ans Ohr zu legen.

Zu seinen Lebzeiten wurde er von den Menschen verlacht, aber auch ein bißchen bewundert. Sie gaben ihm den Namen »göttlicher Narr«. Als Milarepa starb, hinterließ er der Nachwelt die »Hunderttausend Gesänge«, aus denen diese Hymne stammt:

Der ird'ne Topf, der war und nun zerbrach,
Zeigt die Natur der Dinge, die nur Stückwerk sind.
Doch ist des Menschen Leben ihm noch tieferes Symbol.
So will ich, Mila, der Geweihte,
Ohn' Wanken bleiben auf dem Pfad.
Der ird'ne Topf, mein einziger Besitz,
Zu meinem Guru macht ihn sein Zerbrechen.
Das Unbeständige, er lehrt es mich.★

★ Milarepa-Hymne, zitiert nach: W.Y. Evans-Wentz, *Milarepa, Tibets großer Yogi*. O.W. Barth Verlag, 1989.

Glossar

Acht Glückssymbole Schirm (Schutz), Kalasha-Vase (Nektar mit Lebenswasser), Fische (Fähigkeit, den Ozean des Samsara zu durchschwimmen), Muschel (Ruhm der Lehre), Lotos (Reinheit der Lehre), Siegesbanner (Sieg über alle Verdunklungen), Unendlicher Knoten (Lösung karmischer Verstrickungen), Dharma Chakra (Rad der Lehre).

Bardo »Zwischenzustand« zwischen zwei bedeutenden Ereignissen, z. B. Geburt und Tod.

Beijing time Im gesamten Staatsgebiet der Volksrepublik China gilt die Ortzeit der Hauptstadt Beijing (Peking). Wer von Kathmandu nach Lhasa einfliegt, muß seine Uhr um zwei Stunden vorstellen.

Bodhisattva (Sanskrit) »Träger des Erleuchtungsbewußtseins« oder »Erleuchtungswesen«. Gilt als Emanation der Buddhas und wirkt im Samasara zum Wohle aller Lebewesen durch Mitgefühl und Weisheit.

Buddha (Sanskrit und Pali) »Der Erwachte«.

Dalai Lama (tib.) »Höherstehender, (dessen Weisheit so groß ist wie) der Ozean«. Mongolischer Titel des ranghöchsten Lama der Gelugpa-Schule, der seit der Zeit des V. Dalai Lama (1617–1682) das religiöse und politische Oberhaupt der Tibeter ist und bislang in 14 Wiedergeburten auftrat.

Dharma (Sanskrit) »Lehre des Buddhas«.

Lamaismus Religionswissenschaftlicher Begriff, abgeleitet vom tibetischen Begriff Lama (»Höherstehender«). Für Tibeter ist dieser Begriff negativ besetzt.

Mantra (Sanskrit) eine Schwingung oder Silbe oder Silbenfolge, die kosmischen Kräften oder einem Aspekt der Buddhanatur Ausdruck verleiht.

Mudra (Sanskrit) »Siegel« Handhaltung des Buddhas. Hauptsächlich werden zehn Mudra unterschieden.

Panchen Lama (Sanskrit) »Lehrer, der ein großer Gelehrter ist« (tib. *Pandita Lama*). Ein Ehrentitel, der vom V. Dalai Lama, dem höchsten Lama des Klosters Tashilhünpo in Shigatse, verliehen wurde.

Puja (Sanskrit) »Verehrung, Zeremonie« mit Rezitieren von Sutras, Singen und Opferungen.

Sangha (Sanskrit) Gemeinschaft der Buddhisten.

Sanskrit wörtl. »vollkommen, vollendet und endgültig gemacht«. Sanskrit ist heute eine »tote« Sprache wie Latein, dient also nicht als Umgangssprache. Allerdings ist sie Standard zur Übertragung buddhistischer Schriften in westliche Sprachen.

Swastika (Sanskrit) Hakenkreuz, Glückszeichen von Vajrayana (rechtsgedreht) und Bön (linksgedreht).

Yuan RBM (Renminbi), offizielle Währung der Volksrepublik China, gültig auch in Tibet. 5 Yuan entsprechen ungefähr einer deutschen Mark. 1 Yuan entsprechen 10 Mao oder 100 Fen.

PIPER

Uli Franz
Gebrauchsanweisung für China

208 Seiten. Geb.

China ist ein Labyrinth mit vielen Sackgassen. Wer seinen Fuß
hineinsetzt, braucht einen Kompaß, um sich zurechtzufinden.
Aufgebrochen, die größte Industriemacht Asiens zu werden,
ist das ehemalige Reich der Mitte noch immer altes Kulturland
mit einer über 5000 Jahre alten Zivilisation. Dieser Balanceakt
drückt sich in allen Gegensätzen des Landes aus: Die Partei-
parolen und das Wortritual – sind sie nun eine Errungenschaft
des Sozialismus oder ein Überbleibsel des Feudalismus? Oder
die Glaspaläste der Megastädte und die Lehmhütten hinter
Bambushainen, das T-Shirt neben dem Mao-Kittel – sind sie
alle Teil ein und desselben Landes?
Uli Franz bietet dem Leser Einblick und Verständnis in diese
für Europäer immer noch so fremde Welt.